MADRID 2025

COLECCIÓN CUADERNOS DE APUNTES
SERIE INFORMES DE ÉXITOS

Laboratorios Rovi I
Auditoría comercial. Estrategias de distribución y precios

Jesús Sánchez Cotobal

COLECCIÓN CUADERNOS DE APUNTES

SERIE INFORMES DE ÉXITOS

Director
Zulema Calderón Corredor

Comité científico asesor
Antonio Martínez Santos
Begoña Rodríguez Díaz
Noelia Valle Benítez
Juan Carlos Gómez Alonso
Fidel Luis Rodríguez Legendre

© 2025   Jesús Sánchez Cotobal
© 2025   Editorial UFV
            Universidad Francisco de Vitoria
            Crta. Pozuelo-Majadahonda, km 1,800. 28223 Pozuelo de Alarcón (Madrid)
            editorial@ufv.es

Primera edición: julio de 2025
ISBN edición impresa: 979-13-87731-18-2
ISBN edición digital: 979-13-87731-19-9

Depósito legal: M-16873-2025

Impresión:

ÍNDICE

1 Introducción

1.1.   Laboratorios ROVI

Laboratorios ROVI se trata de una empresa farmacéutica española que nace en 1946, ubicando su sede en Madrid. El mayor representante (CEO) es Juan López-Belmonte Encina[1].

Su papel fundamental es mejorar la salud y calidad de vida de la sociedad, implementando innovación en medicamentos. Concretamente, destacan por la producción de heparinas de bajo peso molecular, productos biosimilares, y el desarrollo de tecnología de liberación prolongada.

La *misión* que propone la empresa es, con sus medicamentos, mejorar la salud y el bienestar de las personas, ofreciendo la mayor calidad posible.

Su *visión* es ser la empresa farmacéutica líder en Europa y destacar por su innovación.

Los *valores* que intentan promover son la integridad, innovación, calidad, sostenibilidad y responsabilidad social.

Sus principales competidores son las grandes farmacéuticas como Adventia Pharma, CZ Vaccines, Fresenius Kabi y SUANFARMA, pero sus esfuerzos se dirigen a destacar sobre estas.

Para analizar el sector en el que opera la empresa, realizaremos a continuación un breve análisis PESTEL. Los factores políticos que afectan a ROVI son las regulaciones estrictas y políticas de precios. En relación a lo económico, afectan los ciclos económicos que afectan a la demanda. Los factores en el marco social, se enfocan en el envejecimiento poblacional y aumento de enfermedades crónicas. Los factores tecnológicos se limitan a realizar avances en biotecnología y big data. En lo ecológico, pretenden reducir el impacto ambiental. Por último, en el ámbito legal, se centran en cumplir con las leyes de patentes y las regulaciones de los ensayos clínicos.

Los **desafíos** a los que se enfrenta la farmacéutica tienen que ver con la expiración de patentes y la presión de competidores emergentes.

---

[1]   ROVI Pharmaceutical Company. (s. f.). ROVI Pharmaceutical Company | LinkedIn.
https://www.linkedin.com/company/pharmaceutical-laboratories-rovi/?originalSubdomain=es

SIΞ

Universidad Francisco de Vitoria

2 Análisis de la empresa

2.1 Negocio y estrategia

2.1.1 NEGOCIO: BDU'S Y CBU'S

a) CBU's (Customer Business Units):

1. Puntos Físicos de ROVI

1.1 Plantas de Producción

Madrid: 3 plantas:
1.ª Planta de inyectables.
2.ª Planta de formas sólidas orales.
3.ª Planta de fabricación de principios activos.

Granada:
Planta de producción de heparinas de bajo peso molecular.

Alcalá de Henares:
Planta de producción de formas sólidas orales.

San Sebastián de los Reyes:
Planta de inyectables.

1.2 Centros de I+D
Madrid: Centro principal de investigación y desarrollo.
Granada: Centro de investigación especializado en heparinas.

1.3 Oficinas Comerciales
España: Sede central en Madrid.
Presencia internacional: Alemania (Berlín), Reino Unido (Londres), Francia (París), Italia (Milán), Polonia (Varsovia).

2. Objetivos de las CBUs

Las CBUs permiten a Rovi segmentar de manera efectiva su oferta de productos en diferentes mercados. En áreas como España y Portugal, donde ya tienen una fuerte presencia, se centran en consolidar el mercado con productos estratégicos. En contraste, en mercados emergentes como Latinoamérica, las CBUs se enfocan más en la expansión de productos promocionales, sacrificando margen de beneficio a corto plazo para ganar participación de mercado (Laboratorios Rovi, 2023).

Los productos estratégicos, como las heparinas y la tecnología ISM®, están vinculados a su expansión en mercados de alto valor, mientras que los productos promocionales permiten una mayor flexibilidad y penetración en mercados más competidos. El enfoque geográfico y su rol como distribuidor y fabricante hacen que Rovi tenga una ventaja competitiva significativa en la industria farmacéutica *(Informe Integrado 2023, Laboratorios Rovi, s. f.).*

El objetivo de las CBU es centrarse en la atracción y retención de clientes clave, incluyendo médicos, hospitales, farmacias y otras instituciones sanitarias. Por lo tanto, es crucial para ROVI cultivar y mantener relaciones sólidas con estos clientes para facilitar el crecimiento de sus productos innovadores en el mercado.

Por lo tanto, se pueden resumir los **objetivos de Share** y recuperación de inversión en:
- Heparinas de bajo peso molecular: Mantener liderazgo con >30% de cuota (España).
- Bemiparina (Hibor®): Alcanzar 15-20% de cuota en mercados internacionales clave.
- Enoxaparina biosimilar: Lograr 20-25% de cuota en mercados europeos objetivo.
- Productos de prescripción especializados: Alcanzar 10-15% de cuota en sus categorías *(Informe Integrado 2023, Laboratorios Rovi, s. f.)*.

Nota: Los porcentajes exactos para recuperar la inversión no son públicos, pero se estima que ROVI busca ROI positivo en 3-5 años para nuevos lanzamientos.

Estrategias para conseguir clientes:

1. **Mayoristas:**
   Programas de incentivos por volumen.
   Acuerdos de distribución exclusiva para productos clave.
   Soporte logístico y de gestión de inventario.

2. **Profesionales Sanitarios:**
   Visitas médicas personalizadas (>250 representantes en España).
   Programas de formación continuada.
   Patrocinio de congresos y eventos científicos.
   Colaboraciones en investigación clínica.

3. **Consumidores Finales:**
   Campañas de concienciación sobre enfermedades.
   Programas de apoyo a pacientes.
   Materiales educativos en farmacias y centros de salud.

3. Inversión, Consumo y Canales de Venta

3.1 Inversión en Territorio
Expansión de la planta de Granada: €24 millones (2021-2023) (Bolsamanía, 2024).
Ampliación capacidad en Madrid para vacuna COVID-19: €40 millones (2020-2021) (Europa Press, s. f.-b).
I+D: 5-7% de ingresos anuales (€27.4 millones en 2021).

3.2 Análisis de Consumo
1. Mayoristas:
   Volumen: 60-70% de las ventas totales.
   Productos: Amplia gama, incluyendo genéricos y marcas propias.
   Frecuencia: Pedidos regulares, generalmente semanales o quincenales.

2. Profesionales Sanitarios:
Influencia: Decisiva en prescripción de productos especializados.
Foco: Productos innovadores y biosimilares.
Interacción: Visitas médicas, congresos, formación continuada.

3. Consumidores Finales:
Acceso: Principalmente a través de farmacias y hospitales.
Productos clave: OTC, anticonceptivos, tratamientos crónicos.
Tendencia: Creciente interés en productos de autocuidado.

3.3 Canales de Venta

1. Distribución Mayorista:
Principales partners: Cofares, Alliance Healthcare, Bidafarma.
Cobertura: >95% de farmacias en España.

2. Venta Directa a Hospitales:
Foco en **productos especializados y de alto valor.**

3. Farmacias:
Red de más de 22,000 farmacias en España.
Venta de **productos OTC y de prescripción.**

4. Exportación:
Foco en Europa para **biosimilares y productos propios.**

5. E-commerce:
Creciente para **productos OTC y de autocuidado** .
Plataformas de **farmacia online autorizadas.**

b) BDU's (Business Division Units):

≡ Objetivo: Revenue.

Nota: los objetivos de revenue de Laboratorios Rovi no son públicos pero podemos considerar los siguientes:

1. Especialidades Farmacéuticas:

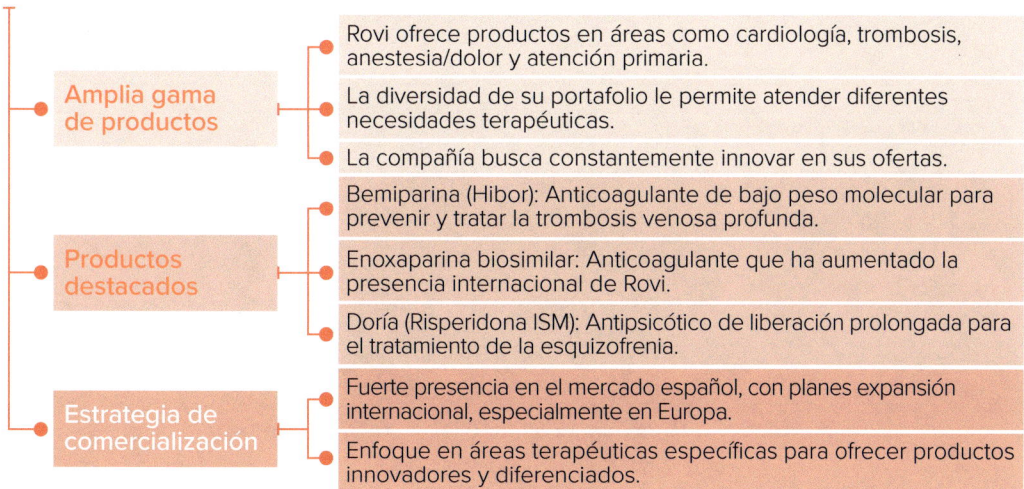

≡ Objetivo de facturación: Crecimiento del 5% anual, de 400M€ en 2024 a 486M€ en 2028.
≡ Costes de estructura: Aproximadamente el 70% de los ingresos.
≡ Margen promedio: 30,48%.

Esta BDU es la más grande y rentable, representando la mayor parte de los ingresos de ROVI.

2. I+D (Investigación y Desarrollo):

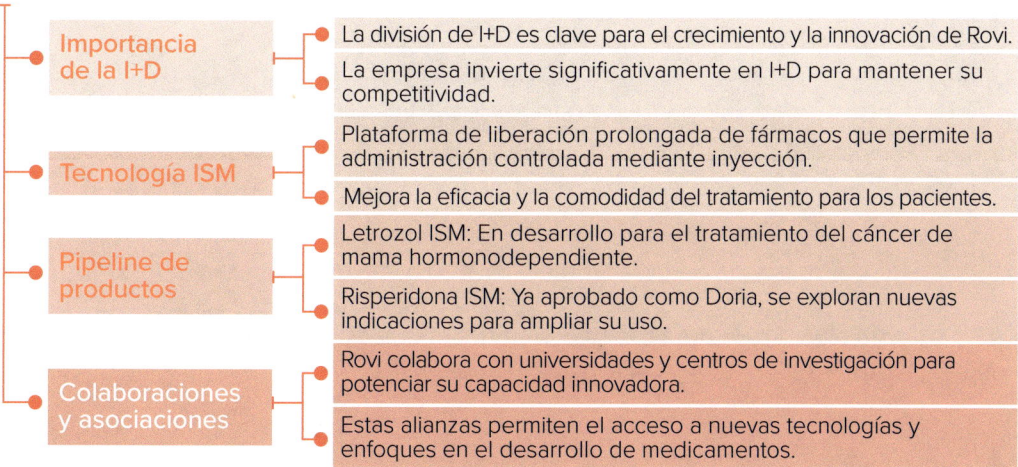

≡ Objetivo de facturación: Crecimiento del 10% anual, de 50M€ en 2024 a 74M€ en 2028.
≡ Costes de estructura: Alrededor del 90% de los ingresos, reflejando la alta inversión necesaria.
≡ Margen promedio: 10,91%.

Aunque menos rentable, esta BDU es crucial para el futuro de ROVI y la innovación en productos.

3. Fabricación a Terceros:

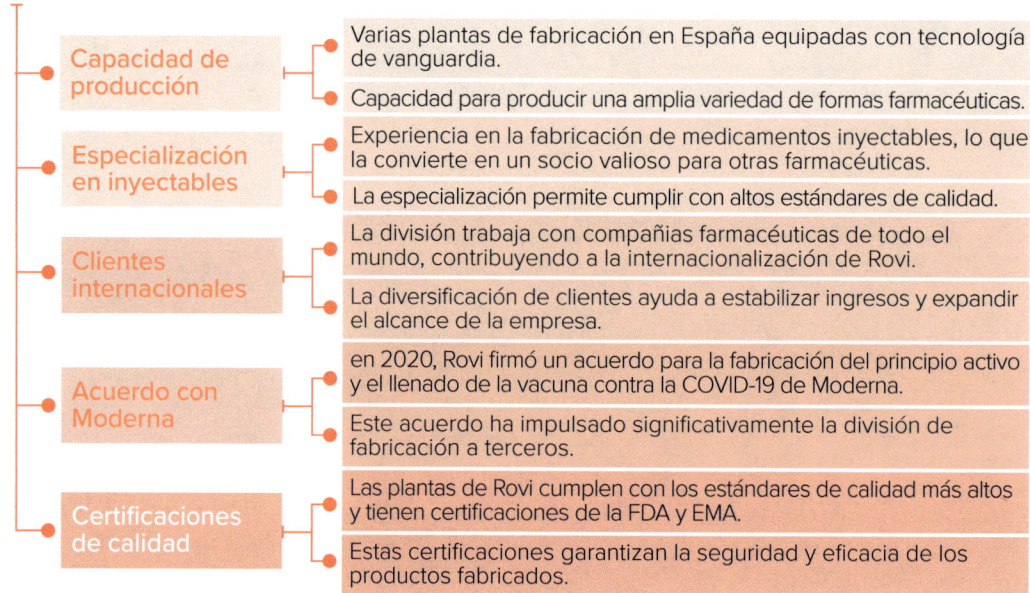

- ≡ Objetivo de facturación: Crecimiento del 10% anual, de 150M€ en 2024 a 220M€ en 2028.
- ≡ Costes de estructura: Aproximadamente el 70% de los ingresos.
- ≡ Margen promedio: 30,20%

Fuerte crecimiento y rentabilidad, diversificando los ingresos de ROVI.

Nota: Fabricación a terceros y obligación legal:

- ≡ Cumplimiento de las Buenas Prácticas de Fabricación (GMP).
- ≡ Mantenimiento de licencias y certificaciones necesarias.
- ≡ Garantía de calidad y seguridad en todos los procesos.
- ≡ Confidencialidad y protección de la propiedad intelectual de sus clientes.

Simulación producto: Antihipertensivo GenéricoX

Nota: esta simulación se realiza a través de datos que se aproximan a la estructura de costes de Laboratorios Rovi y la industria farmacéutica.

Estructura de Costes

Costes Directos: materias primas: 30% del precio de venta; mano de obra directa: 15%; embalaje: 5%.
Costes Indirectos: amortización de maquinaria: 500.000 € anuales, costes de calidad y regulatorios: 300.000 €, gastos generales de fábrica: 400.000 €.

Costes de Estructura: I+D asignado: 200000 € anuales; marketing y ventas: 5% de la facturación; administración y finanzas: 3% de la facturación.

Análisis de Rentabilidad
- Precio de venta estimado: 0.50 € por unidad.
- Unidades previstas Año 1: 10 millones.
- Margen bruto objetivo: 25%.

Cálculo de Rentabilidad Año 1
Ingresos: 5.000.000 €.
Costes directos: 2.500.000 € (50% del precio de venta).
Margen bruto: 2.500.000 € (50%).
Costes indirectos y de estructura: 1.900.000 €.
Beneficio operativo: 600000 € (12% sobre ventas).

Este análisis muestra que el producto cumple con el margen bruto objetivo y genera un beneficio operativo positivo, ilustrando cómo ROVI podría analizar la rentabilidad de un producto de fabricación a terceros, considerando los objetivos de facturación y la estructura de costes.

Fijación de precios y estrategia comercial

Basándose en el análisis anterior, puede:
- Fijar precios competitivos que aseguren el margen de beneficio deseado.
- Identificar clientes potenciales (otras farmacéuticas que necesiten servicios de fabricación).
- Determinar estrategias de consumo del producto (volumen, tiempo, precio, packs).

Competitividad del producto

Para que el servicio de fabricación a terceros de ROVI sea competitivo, la empresa debe:
- Invertir en tecnología de punta para garantizar eficiencia y calidad.
- Mantener altos estándares de calidad y cumplimiento regulatorio.
- Ofrecer flexibilidad en volúmenes de producción.
- Establecer relaciones a largo plazo con los clientes.

Líneas de productos estratégicas y de penetración

No todos los BDUs de ROVI son igualmente rentables. La empresa tiene:
- **Líneas estratégicas:** incluyen productos con altos márgenes de beneficio y una importancia estratégica significativa. Por ejemplo, los productos relacionados con heparinas y otros tratamientos especializados como Okedi® suelen tener márgenes más altos debido a su complejidad en la producción y la necesidad de un alto control de calidad. Estos productos son cruciales para la rentabilidad global de Rovi *(Resultados Financieros 2023, Laboratorios Rovi)*.

≡ **Líneas de penetración:** productos que pueden tener márgenes más bajos, pero que son vitales para aumentar la cuota de mercado. Por ejemplo, los productos genéricos y OTC (Over The Counter) pueden no ser tan rentables.

individualmente, pero ayudan a atraer a un mayor número de clientes y a construir lealtad hacia la marca. Estos productos permiten a Rovi competir en un mercado muy saturado, aumentando la visibilidad de la empresa. (Resultados Financieros 2023, Laboratorios Rovi).

Análisis de Rentabilidad

Para analizar la rentabilidad de cada BDU, Rovi considera:
≡ Margen de contribución de cada línea.
≡ Potencial de crecimiento.
≡ Sinergias con otras líneas de negocio.
≡ Posición competitiva.

c) Flujograma integral del proceso comercial de Laboratorios Rovi. Paso a paso.

1. Etapa de Investigación y Desarrollo (I+D)

≡ **"Investigación y Desarrollo de Nuevos Productos (Heparinas, Okedi®, Hibor®)".**
Descripción: Incluye todos los productos que se desarrollan en los centros de I+D de Madrid y Granada.

≡ **Decisión (Rombo):** Producto aprobado para producción.
Sí, pasa a la producción.
Si No, vuelve al inicio del proceso de investigación (usa una flecha de retorno).

2. Producción

≡ "Producción en Plantas de Madrid, Alcalá de Henares y Granada".
Descripción: En esta fase, los productos son fabricados en las plantas especializadas.

≡ **Decisión (Rombo):** ¿Control de Calidad Aprobado?
Si Sí, sigue a gestión de la demanda.
Si No, retorna a la revisión de producción.

3. Gestión de la Demanda (Bifurcación de Canales)

≡ **Rama 1:** Canal Directo (Recetas Electrónicas): "Productos Especializados (Heparinas, Okedi®) - Venta Directa a Hospitales y Farmacias (Recetas Electrónicas)".
Descripción: Los pedidos se gestionan directamente a hospitales y farmacias, especialmente para productos de alto valor añadido, como las heparinas y biosimilares.

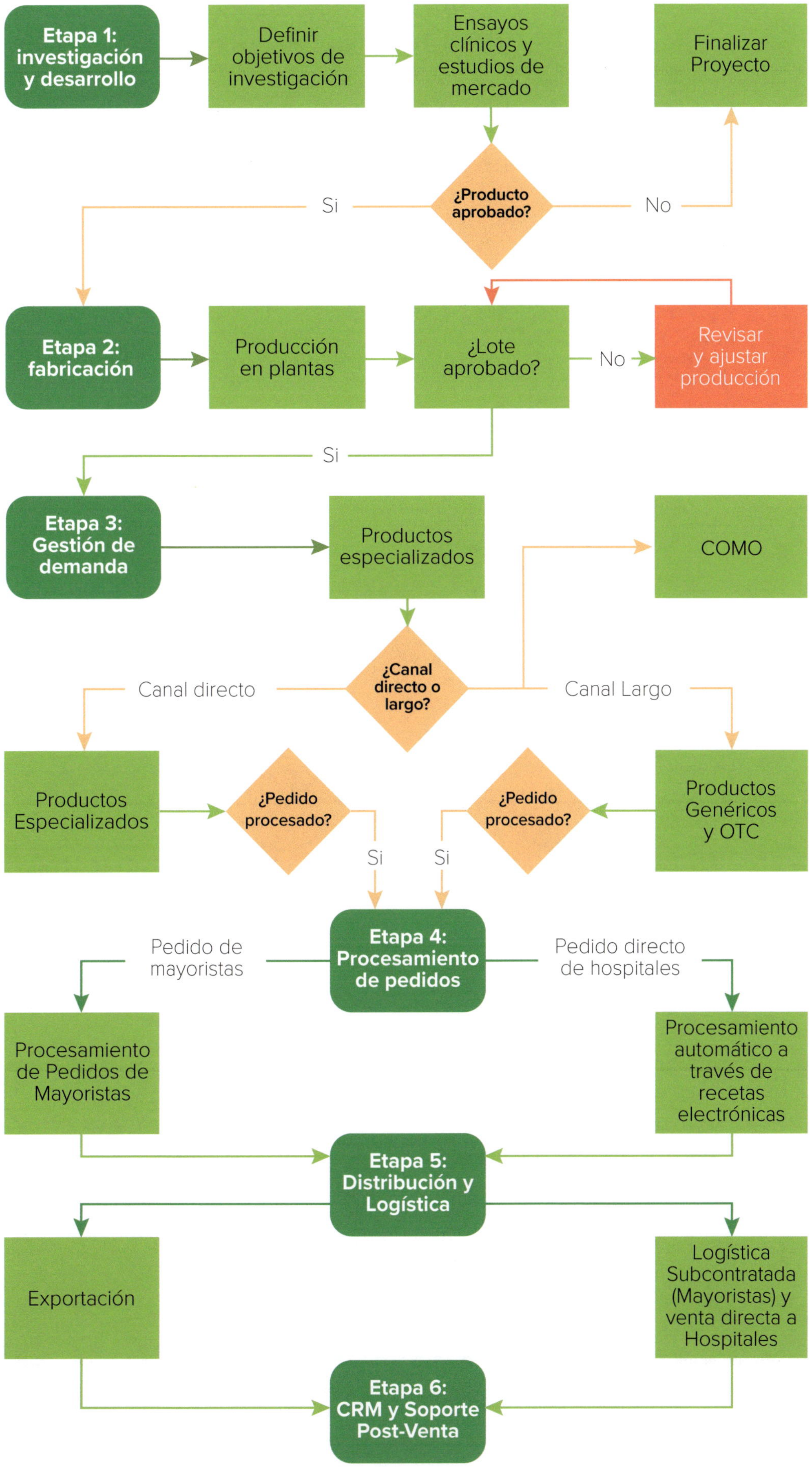

Etapa 1: investigación y desarrollo → Definir objetivos de investigación → Ensayos clínicos y estudios de mercado

Finalizar Proyecto

¿Producto aprobado?
— Si
— No

Etapa 2: fabricación → Producción en plantas → ¿Lote aprobado? — No → Revisar y ajustar producción

— Si

Etapa 3: Gestión de demanda → Productos especializados → COMO

¿Canal directo o largo?
— Canal directo
— Canal Largo

Productos Especializados → ¿Pedido procesado? — Si

¿Pedido procesado? ← Productos Genéricos y OTC
— Si

Etapa 4: Procesamiento de pedidos

Pedido de mayoristas → Procesamiento de Pedidos de Mayoristas

Pedido directo de hospitales → Procesamiento automático a través de recetas electrónicas

Etapa 5: Distribución y Logística

Exportación

Logística Subcontratada (Mayoristas) y venta directa a Hospitales

Etapa 6: CRM y Soporte Post-Venta

UFV Universidad Francisco de Vitoria

≡ **Rama 2:** Canal Largo (Mayoristas): "Productos Genéricos y OTC - Distribución a Mayoristas (Cofares, Bidafarma, Alliance Healthcare)".
Descripción: Otros productos de mayor volumen o genéricos se distribuyen a través de mayoristas, quienes luego los entregan a farmacias y hospitales.

≡ Decisión (Rombo en cada canal): ¿Pedido procesado?
Si Sí, pasa a procesamiento de pedidos.
Si No, regresa a la planificación de demanda o almacén.

4. Procesamiento de Pedidos

≡ **Rama 1:** Pedido Directo de Hospitales y Farmacias (Recetas Electrónicas): "Procesamiento Automático de Pedidos a través de Recetas Electrónicas".
Descripción: En este sistema, los hospitales y farmacias gestionan pedidos automáticos mediante la receta electrónica, especialmente para medicamentos especializados.

≡ **Rama 2:** Pedido de Mayoristas: Procesamiento de Pedidos de Mayoristas".
Descripción: Mayoristas gestionan grandes volúmenes de productos farmacéuticos que luego distribuyen.

5. Distribución y Logística

≡ "Logística Subcontratada (Mayoristas) y Distribución Directa a Hospitales".
Descripción: Aquí se diferencia entre la logística subcontratada para mayoristas y la distribución directa desde Rovi a los hospitales a través de recetas electrónicas.

≡ "Exportación a Mercados Clave en Europa (Alemania, Reino Unido, Francia, Italia)".
Descripción: Los productos también se exportan a través de redes mayoristas a mercados clave en Europa.

6. Atención al Cliente y Post-Venta

≡ CRM y Soporte Post-Venta (Veeva CRM)".
Descripción: Incluye la gestión de relaciones con mayoristas, hospitales y farmacias, el soporte logístico, la formación y la fidelización de clientes.

2.1.2 Cadena de valor

La cadena de valor de ROVI puede dividirse en las siguientes áreas:

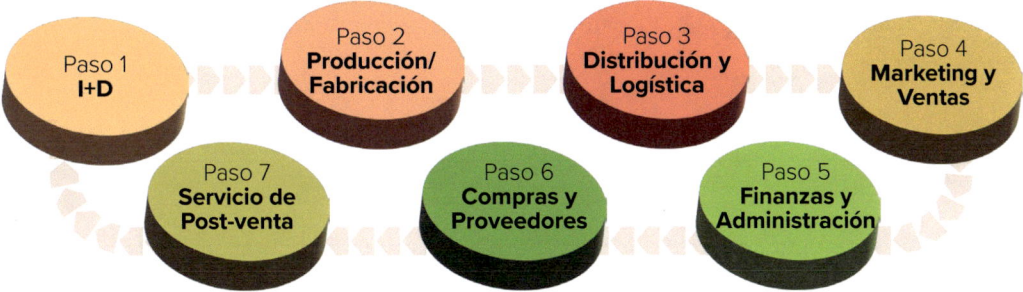

1. I+D (Investigación y Desarrollo)

Actividades: Desarrollo de nuevos productos farmacéuticos, investigación clínica, ensayos clínicos, estudios de mercado para nuevos lanzamientos.

Porcentaje estimado: 25%-30% (alto costo debido a la alta inversión en tecnología y capital humano especializado).

2. Producción / Fabricación

Actividades: Fabricación de medicamentos y productos farmacéuticos, control de calidad, mantenimiento de instalaciones y maquinaria, gestión de procesos productivos.

Porcentaje estimado: 30%-35% (alto costo debido al personal, mantenimiento de equipos e infraestructura).

3. Distribución y Logística

Actividades: Coordinación con distribuidores (Cofares, farmacias), almacenamiento, transporte de productos a los puntos de venta y consumidores finales.

Porcentaje estimado: 10%-15% (costos moderados relacionados con almacenamiento y distribución, externalización de transporte).

4. Marketing y Ventas

Actividades: Promociones de productos, campañas publicitarias, estudios de mercado, ventas directas, gestión de la relación con los clientes.

Porcentaje estimado: 10%-15% (costes variables en función de la inversión publicitaria y actividades promocionales).

5. Finanzas y Administración

Actividades: Gestión financiera, presupuestos, contabilidad, gestión de recursos humanos, cumplimiento normativo.

Porcentaje estimado: 10%-12% (costos asociados a la administración y operaciones financieras).

6. Compras y Proveedores

Actividades: Relación con proveedores de materias primas, negociación de contratos de suministro, gestión de inventarios.

Porcentaje estimado: 5%-10% (costes moderados debido a la gestión de suministros y contratos).

7. Servicio Post-Venta

Actividades: Atención al cliente, seguimiento post-venta, visitas a clientes para fidelización, gestión de devoluciones o incidencias.

Porcentaje estimado: 3%-5% (costos bajos debido al número limitado de empleados dedicados a esta área).

2.1.3 Canales de distribución

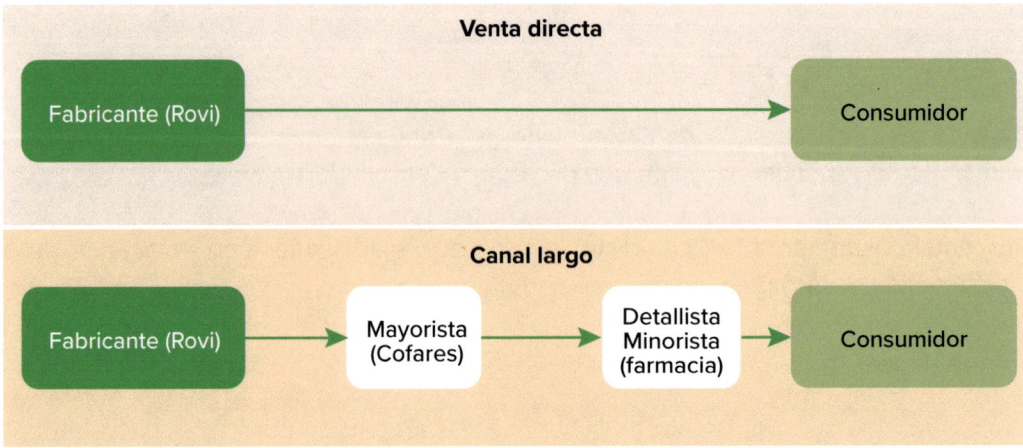

ROVI utiliza dos tipos de canales de distribución (Venta Directa y Canal Largo), los cuales permiten optimizar el acceso a sus productos y atender diferentes necesidades del mercado farmacéutico:

A. Venta Directa:

En este modelo, los productos se distribuyen directamente desde el fabricante (ROVI) hacia el consumidor, sin la intervención de intermediarios como mayoristas o minoristas. Este canal es ideal cuando ROVI desea tener un control directo sobre la relación con el cliente final, lo que puede generar varias ventajas:

- Reducción de costes: Al eliminar intermediarios, ROVI puede evitar las comisiones o márgenes que estos aplican, mejorando su margen de beneficio.
- Velocidad: El canal directo permite una distribución más rápida de los productos, ya que no hay pasos intermedios.
- Mejor control: ROVI puede gestionar directamente la experiencia del cliente, la calidad del servicio y tener un feedback más inmediato del consumidor.

Este canal es particularmente útil para productos con mayor margen de beneficio o para sectores como el de las recetas electrónicas, donde la inmediatez y el acceso directo son clave.

B. Canal Largo (a través de mayoristas y minoristas):

Este canal involucra varios intermediarios, como el mayorista Cofares y las farmacias como minoristas, que distribuyen los productos al consumidor final. La ventaja de este canal largo radica en su capacidad para ofrecer un amplio alcance de mercado:

- Cobertura: A través de un mayorista como Cofares, ROVI puede llegar a una mayor cantidad de farmacias y minoristas, cubriendo más áreas geográficas y asegurando que sus productos estén disponibles para una amplia base de consumidores.
- Eficiencia logística: Los mayoristas permiten manejar grandes volúmenes de productos, facilitando la distribución en diversas ubicaciones de forma más eficiente.
- Relaciones comerciales establecidas: Cofares y las farmacias ya tienen una red consolidada de distribución y clientes, lo que facilita que los productos de ROVI lleguen a los puntos de venta con mayor rapidez y penetración.

ROVI ha optado por utilizar dos canales complementarios debido a los diferentes beneficios que cada uno ofrece. El canal directo les permite una venta más ágil y con mayor control sobre productos clave, mientras que el canal largo les otorga una mayor cobertura y alcance de mercado mediante la colaboración con intermediarios experimentados en la distribución farmacéutica.

La combinación de ambos canales permite a ROVI equilibrar su eficiencia operativa con una mayor penetración en el mercado, optimizando tanto el acceso directo como el indirecto a sus productos, dependiendo del tipo de cliente o la naturaleza del producto distribuido.

2.1.4 Longitud del canal

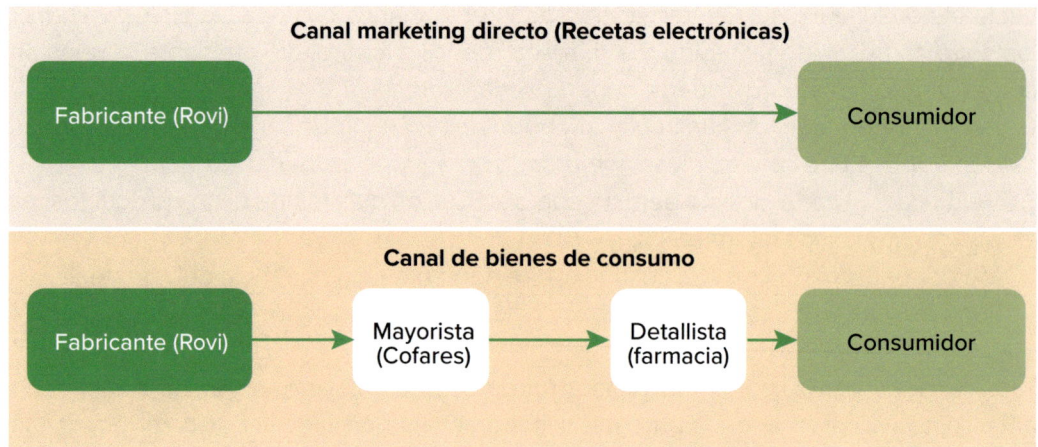

Como se muestra en la gráfica anterior, podemos observar que ROVI utiliza dos canales principales de distribución. En primer lugar, explicaremos el canal de bienes de consumo. Esta gráfica representa cómo se realiza la distribución en la mayoría de las empresas farmacéuticas.

El fabricante, en este caso ROVI, distribuye sus productos a través de un mayorista, como Cofares. Posteriormente, Cofares distribuye estos productos a los detallistas, que en el sector farmacéutico son las farmacias. Finalmente, los productos llegan al cliente final, que son los consumidores. Este es un canal de distribución comúnmente utilizado en la industria farmacéutica.

El sistema de distribución, ya sea de **venta directa** o de **distribución simple canal largo,** tiene un impacto directo en la eficiencia operativa de ROVI y en su capacidad de recuperar su **punto de equilibrio (BE),** alcanzar su **masa crítica** y operar de manera óptima. Un canal más largo, como el que involucra mayoristas y detallistas, puede aumentar los costos operativos debido a la participación de más intermediarios, pero también facilita una mayor **cobertura de mercado** y un acceso más amplio a los clientes finales. Por otro lado, un **canal corto** o directo, como el de marketing directo mediante recetas electrónicas, puede ser más **rentable** al reducir los costes de intermediarios, pero puede requerir una infraestructura tecnológica más robusta y un mayor control logístico por parte del fabricante.

ROVI se encuentra en una fase de **expansión** y optimización, buscando consolidar su **masa crítica** para mejorar su rentabilidad y aumentar su **participación en el mercado.** En este contexto, la empresa debe equilibrar los costes de distribución con la necesidad de maximizar las ventas y mejorar su margen de beneficio.

El objetivo principal de imponer este sistema de distribución es alcanzar un **óptimo de explotación** mediante la reducción de costes asociados con intermediarios y la mejora en la eficiencia de distribución. Al mismo tiempo, busca ampliar su **alcance de mercado** mediante la colaboración con mayoristas como Cofares y, a la vez, ofrecer una solución más directa a los consumidores a través del canal de **recetas electrónicas,** lo que refleja una estrategia de **distribución multicanal** que permite optimizar el acceso a sus productos.

2.2 Clientes

2.2.1 EL BUEN CONSUMIDOR

A partir de la información a nuestra disposición, se analizó cómo consume un cliente de alta calidad de consumo y bajo valor en el contexto específico de ROVI. Para esto, se debe considerar como la empresa interactúa con sus principales clientes (mayoristas, profesionales sanitarios y pacientes) de los que se hablará más adelante. Por consiguiente, un cliente rentable tiene las siguientes características:

Calidad de consumo

a) Estructurado (Producto y packs de consumo):

En este contexto, consumir bajo las condiciones de la empresa incluye volúmenes y frecuencia de compra que optimizan las economías de escala, la logística y la gestión de inventarios.

- ≡ **Mayoristas:** tienden a comprar en grandes volúmenes para satisfacer la demanda de farmacias y hospitales, lo que permite a ROVI planificar la producción y distribución de manera más eficiente. Estos pedidos estructurados no solo reducen los costes de producción por volumen, sino que también aseguran un flujo constante de ingresos, lo que reduce el riesgo financiero.
- ≡ **Profesionales sanitarios y hospitales:** la compra estructurada implica que adquieren productos esenciales de forma periódica y en grandes cantidades, como las heparinas de bajo peso molecular (HBPM). Al tratarse de productos críticos para el tratamiento continuo de pacientes, los hospitales tienden a seguir los ciclos de compra establecidos por ROVI, lo que permite a la empresa mantener una cadena de suministro fluida y eficiente.

Packs de Consumo

Los packs de consumo en ROVI son una combinación de productos de penetración y productos estratégicos. Estos packs no solo favorecen la estructura de los pedidos, sino que también tienen efectos importantes en la rentabilidad y el share (participación de mercado):

- ≡ **Productos de penetración:** Estos son productos con un margen menor, pero que permiten a ROVI ganar cuota de mercado. Un ejemplo es el biosimilar de enoxaparina, que ha permitido a ROVI entrar en mercados internacionales y competir con otros biosimilares a precios competitivos. Estos productos ayudan a establecer una relación con los clientes, pero requieren volúmenes mayores para compensar el bajo margen.
- ≡ **Productos estratégicos:** Son aquellos que tienen un margen más alto y son fundamentales para la rentabilidad de ROVI. Ejemplos incluyen la bemiparina y Okedi®. Al integrarse en los packs, estos productos permiten a ROVI maximizar los márgenes, dado que son productos esenciales que tienen una demanda estable y continua, con precios menos sensibles a las fluctuaciones del mercado.

La estrategia de ROVI al ofrecer estos packs de productos permite capturar tanto volumen de ventas (a través de los productos de penetración) como márgenes altos (con los productos estratégicos). Esta combinación es crucial para aumentar su rentabilidad y optimizar su share.

b) Equilibrado (tiempo de permanencia y churn rates):

ROVI se beneficia de clientes que establecen relaciones a largo plazo mediante contratos que aseguran pedidos recurrentes, lo que permite minimizar la tasa de abandono (churn rate) y maximizar la retención. Esto es especialmente importante en productos estratégicos como Okedi® para la esquizofrenia, que tiene una demanda continua debido a la naturaleza crónica de la enfermedad.

≡ Para los mayoristas y hospitales, este equilibrio se logra al asegurar que los productos críticos, como las heparinas, se suministran de forma regular, lo que garantiza una continuidad en los ingresos y la eficiencia operativa.

≡ Este tipo de consumo a largo plazo también ayuda a ROVI a amortizar las inversiones realizadas en investigación y desarrollo, especialmente en productos innovadores como Okedi®.

c) Rentable (precios, descuentos y rappeles)

ROVI establece **precios diferenciados** y **descuentos escalonados** para incentivar a los clientes a realizar pedidos estructurados. A los mayoristas, se les ofrecen descuentos por volumen y rappeles que favorecen la compra de grandes lotes, reduciendo el coste de ventas y mejorando los márgenes de la empresa Esto es fundamental para mantener el coste operativo bajo y asegurar que los productos lleguen al mercado a precios competitivos.

Valor de consumo

a)   Coste de Fabricación:

El consumo estructurado facilita a ROVI reducir sus costes de fabricación gracias a la previsibilidad en la demanda. Cuando los clientes compran bajo condiciones que favorecen a ROVI, se pueden producir grandes volúmenes en lotes más eficientes, lo que reduce el coste por unidad. Esto es crucial en productos como las heparinas, donde la demanda es constante, permitiendo a ROVI operar sus plantas de producción a plena capacidad y minimizar los costos asociados al exceso o déficit de inventario.

b)   Coste de comercialización

El coste de comercialización en ROVI se refiere a los gastos relacionados con la promoción y venta de sus productos, así como la estructura organizativa necesaria para gestionar estos procesos.

1. **Estructura de ventas y costes**
   ROVI externaliza la comercialización a mayoristas como Cofares, lo que reduce los costes de estructura. Esto significa que, en lugar de mantener una red de ventas propia extensa, ROVI puede confiar en los mayoristas para llevar sus productos al mercado, lo que minimiza gastos operativos y aumenta la eficiencia.

2. **Optimización del Precio y Tiempo de Permanencia**
   La rentabilidad depende de que el precio de los productos se alinee con el tiempo que los clientes permanecen activos. Productos como las heparinas requieren compras regulares; si no hay un compromiso constante, la inversión en marketing no se recupera.

3. **Planes de Remuneración y Fidelización**
   ROVI incluye la fidelización en sus planes de remuneración, incentivando a los mayoristas no solo a vender, sino a mantener relaciones estables con farmacias y hospitales. Las comisiones se basan en ventas y en la lealtad del cliente.

4. **ROI (Retorno de la inversión)**
   La estrategia de ROVI busca maximizar el ROI al asegurar que sus clientes realicen pedidos estructurados y en grandes volúmenes, minimizando así la inversión en marketing y atención personalizada. Esto permite una rápida recuperación de la inversión, dado que los volúmenes altos de venta cubren los costes asociados a la comercialización.

c)   Coste de distribución:

El coste de distribución en ROVI se refiere a los gastos asociados al transporte, almacenamiento y las comisiones pagadas a intermediarios que facilitan la llegada de los productos al cliente final. A continuación, los principales puntos:

1. **Comisiones al canal:** ROVI paga comisiones a mayoristas como Cofares, quienes distribuyen en grandes volúmenes. Estas comisiones están alineadas con el volumen, por lo que a mayor compra, menor coste por unidad.
2. **Coste de transporte y logística:** ROVI optimiza sus rutas logísticas entregando grandes volúmenes en menos viajes. Clientes que compran en grandes cantidades permiten que se planifiquen rutas más eficientes, reduciendo los costes de transporte.
3. **Almacenamiento:** Los mayoristas también gestionan el almacenamiento, lo que reduce la necesidad de que ROVI invierta en infraestructuras adicionales.

Por ende, el cliente de bajo coste para ROVI es aquel que compra en grandes volúmenes, como mayoristas o grandes hospitales, ya que permiten consolidar entregas, optimizando tanto el transporte como el almacenamiento, y reduciendo comisiones unitarias.

2.2.2 CARTERA DE CLIENTES

La cartera de clientes de Rovi está compuesta principalmente por mayoristas farmacéuticos, hospitales, farmacias y clientes internacionales a través de acuerdos de distribución en más de 40 países. Entre los principales mayoristas en España destacan Cofares, Hefame, Bidafarma y Alliance Healthcare, que juegan un papel crucial en la distribución de medicamentos de Rovi. (PlantaDoce, 2022). Además, sus productos como el biosimilar de enoxaparina y OkediR se distribuyen en mercados europeos como Alemania, Reino Unido, Italia y Portugal (Farma Industrial, 2023).

1. Clasificación de Clientes

≡ **Cliente Real:** actualmente compran productos de Rovi, como son las farmacias, hospitales y mayoristas. Estos clientes valoran la fiabilidad en la entrega y la calidad de los productos. Los clientes reales de Rovi incluyen mayoristas como Cofares, Hefame y Alliance Healthcare, y hospitales de todo el territorio español y otros mercados europeos. Además, la empresa usa herramientas de geomarketing y minería de datos para maximizar la rentabilidad de estos clientes. Los hospitales españoles, por ejemplo, cuentan con más del 90% de cobertura de productos como OkediR para el tratamiento de esquizofrenia (Farma Industrial, 2023).

≡ **Cliente Potencial:** Se refiere a los clientes que actualmente compran a la competencia, sobre todo en mercados donde no tiene una fuerte presencia o el ciclo de ventas es más largo. Estos podrían ser captados por ROVI mediante estrategias de diferenciación, como la oferta de productos innovadores como Okedi® o el biosimilar de enoxaparina. La estrategia de internacionalización es clave para aumentar la base de clientes potenciales.

2. Segmentación Homogénea y Clusters de Clientes

≡ **Segmentación Homogénea:** ROVI ha establecido unidades de negocio (CBUs) estratégicas en diferentes mercados geográficos como España, Portugal, Alemania, Reino Unido, Italia y Polonia. La segmentación homogénea permite a ROVI agrupar clientes que, independientemente del tipo de producto o precio, están ubicados en las mismas áreas geográficas. Por ejemplo, en España, tiene una presencia sólida en más de 22,000 farmacias y hospitales, gracias a mayoristas como Cofares y Hefame, lo cual es un indicativo del éxito de esta segmentación. La expansión en Europa y mercados clave en Latinoamérica responde a esta lógica, donde han establecido CBUs para consolidar y expandir el mercado (PlantaDoce, 2022).

≡ **Clusteres de Clientes:** En contraposición a la segmentación homogénea, los clústeres agrupan a clientes que compran el mismo producto, sin importar el territorio o precio. Un ejemplo es el lanzamiento del biosimilar de enoxaparina, que ha tenido una excelente recepción en mercados europeos y latinoamericanos. Este enfoque permite personalizar las estrategias de marketing y ventas, adaptando la oferta a las necesidades específicas de cada clúster. La estrategia de ROVI se centra en adaptar sus productos a las necesidades de estos clústeres, especialmente en mercados emergentes, donde la compañía ha lanzado versiones más accesibles de medicamentos clave para ganar cuota de mercado. Por lo tanto, algunos de sus productos más vendidos son:

    ☐   Bemiparina
    ☐   Biosimilar de enoxaparina
    ☐   OkediR
    ☐   Medicación para hemoderivados

3. Estrategias de Fidelización

ROVI utiliza varias estrategias para fomentar la lealtad y el crecimiento del consumo entre sus clientes reales. Los programas de formación continuada para profesionales sanitarios, visitas personalizadas de representantes y el patrocinio de eventos científicos son esenciales para mantener la relación con hospitales y farmacias. Además, la empresa ofrece soporte logístico y de gestión de inventario para mayoristas (Farma Industrial, 2022).

Otro ejemplo es el seguimiento postventa, donde ROVI no solo se asegura de que sus productos estén disponibles, sino que también ofrece atención al cliente, lo que fortalece la relación a largo plazo.

2.3. Evaluación de desempeño y estrategias comerciales

2.3.1. PROS Y CONTRAS

Pros:

1. **Diversificación de canales de distribución:** ROVI utiliza tanto canales largos (a través de mayoristas) como directos, lo que le permite optimizar la cobertura de mercado y mantener el control sobre productos clave, generando eficiencias en la distribución.
2. **Enfoque en productos estratégicos y promocionales:** Los productos de alto margen, como las heparinas y Okedi®, fortalecen su posición en mercados de alto valor, mientras que los productos promocionales permiten la penetración en mercados emergentes con márgenes ajustados para aumentar la participación de mercado.
3. **Fidelización de clientes clave:** ROVI tiene programas bien estructurados para mantener relaciones sólidas con sus clientes, como mayoristas y hospitales. Estos programas incluyen incentivos, formación continua y colaboración en investigación clínica, lo cual fortalece su relación con los clientes.
4. **Innovación y tecnología:** La apuesta por la tecnología ISM y la producción de biosimilares, como la enoxaparina, le ha permitido competir en mercados internacionales y diferenciarse de sus competidores.
5. **Eficiencia logística y externalización:** ROVI ha externalizado parte de su logística, lo cual reduce costos operativos al no tener que invertir en infraestructura de transporte y almacenamiento, lo que les permite enfocarse en la fabricación.

Contras:

1. **Problemas en la comercialización de productos en el pasado:** Productos como algunos biosimilares no han alcanzado las cuotas de mercado esperadas en ciertos mercados internacionales, lo que ha retrasado el retorno de la inversión esperada
2. **Dependencia en mayoristas:** Aunque el uso de mayoristas facilita la distribución, también significa que ROVI tiene menos control sobre la relación directa con los clientes finales, lo que podría limitar su capacidad de influir en el mercado de manera más efectiva.
3. **Competencia feroz:** Los grandes laboratorios como CZ Vaccines y Fresenius Kabi, entre otros competidores, ejercen presión en términos de precios y cuota de mercado, lo que ha llevado a críticas sobre la lentitud de ROVI para responder a estos desafíos.
4. **Desafíos en la adaptación tecnológica:** Aunque se ha avanzado en la implementación de tecnologías como Big Data y IoT, aún existen áreas en las que ROVI podría mejorar, como en la personalización de las ventas y la automatización de procesos logísticos
5. **Regulaciones estrictas y costes elevados:** La industria farmacéutica está sujeta a estrictas regulaciones que elevan los costos operativos. La externalización de la distribución puede reducir estos costes, pero también puede comprometer el control de la calidad y los tiempos de entrega.

2.3.2. CRÍTICAS DE OTROS LABORATORIOS

6. **Comparaciones con la competencia:** Competidores como Grifols y CZ Vaccines han mostrado enfoques superiores en algunos aspectos clave. Por ejemplo, **Grifols** ha destacado en la personalización y la formación continua de su equipo de ventas, lo que ha permitido una mayor fidelización de clientes.
7. **Falta de automatización en ventas:** Mientras que laboratorios como **Fresenius Kabi** han avanzado en la integración de herramientas de CRM para personalizar la venta, ROVI ha sido criticado por una falta de personalización y modernización en su enfoque de ventas.
8. **Innovación en e-logistics:** ROVI ha sido señalada por algunos laboratorios por no avanzar tan rápido en la implementación de tecnologías digitales para optimizar su cadena de suministro, a diferencia de empresas como **Pfizer,** que han mejorado sus operaciones mediante Big Data.

2.3.3 PRODUCTOS QUE NO HAN SABIDO COMERCIALIZAR BIEN

1. **Biosimilares en mercados internacionales:** Aunque ROVI ha tenido éxito con productos como la enoxaparina en mercados europeos, en algunos mercados internacionales, estos productos no han alcanzado las cuotas de mercado esperadas debido a la competencia feroz y barreras regulatorias.
2. **Otros productos de alta inversión:** La comercialización de ciertos productos, como algunos biosimilares más allá de la enoxaparina, no ha sido eficiente en mercados clave como el norteamericano, donde las barreras de entrada son más estrictas.
3. **Medicamentos promocionales:** En el pasado, ROVI ha lanzado productos promocionales de bajo margen, que aunque son esenciales para aumentar la visibilidad y cuota de mercado, no han generado un retorno significativo en términos de margen de beneficio.

2.4 Precios y márgenes

2.4.1 SUPUESTO DE FIJACIÓN DE PRECIOS

En este supuesto, ROVI mantiene su propia fabricación interna pero subcontrata la distribución de sus productos, lo que le permite reducir sus costes de estructura al no encargarse directamente de la logística y distribución. El outsourcing de la distribución ofrece varias ventajas estratégicas:

1. **Costes de estructura más bajos:** Al externalizar la distribución, ROVI puede evitar los gastos relacionados con el mantenimiento de su propia red logística, como la flota de transporte, el almacenamiento, y la gestión de entregas. Esto significa una reducción en los gastos fijos y una mayor flexibilidad financiera.
2. **Mayor competitividad:** Al enfocarse en la fabricación y dejar la distribución en manos de empresas especializadas, ROVI puede concentrarse en optimizar sus procesos productivos, lo que les permite ser más competitivos. Los distribuidores externos, por su parte, tienen una experiencia específica que les permite llegar más rápido y eficientemente a los mercados.
3. **Acceso rápido al mercado:** El outsourcing también permite a ROVI ampliar su presencia en mercados clave sin la necesidad de invertir en infraestructura propia. Las empresas distribuidoras ya tienen relaciones y redes de contacto establecidas, lo que facilita una entrada más rápida y eficiente al mercado, logrando un mayor "market share".
4. **Diversificación de costes:** En este modelo, se manejan tres precios y tres tipos de costes:
   - Los costes internos de fabricación.
   - Los costes de cesión a las empresas distribuidoras.
   - Los costes derivados del margen que los distribuidores aplican para la comercialización de los productos.

2.4.2 COLUMNA DE PRECIOS

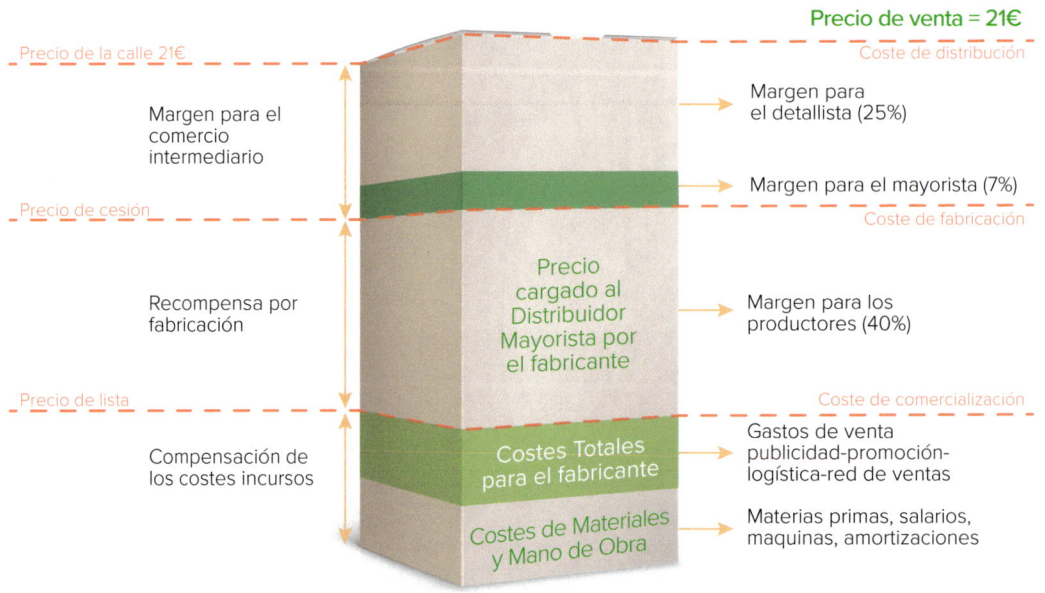

Este enfoque permite a ROVI mantener el control sobre la calidad y la producción de sus medicamentos, mientras que la subcontratación de la distribución les ofrece flexibilidad para optimizar su estructura de costes y maximizar márgenes de beneficio.

1. Precio de Calle (21€)

Este es el precio final de venta al consumidor (precio de calle). Está asociado directamente al Revenue (ingresos) de toda la cadena de valor. Se recomienda mantener este valor controlado para evitar que los precios se disparen, lo que tiene implicaciones tanto para la competencia como para la percepción del cliente.

2. Margen del detallista

Este es el margen que se lleva el comercio minorista (farmacias, por ejemplo). En esta simulación representa el 25% del precio de calle. El coste de distribución incluye este margen. El concepto de remuneración al canal, se refiere a los márgenes pagados a los intermediarios (minoristas y mayoristas). Para reducir los costes de distribución, se puede explorar la posibilidad de outsourcing o joint ventures para optimizar esta parte de la cadena. Qué es lo que realiza Rovi, en este caso ellos fabrican y hacen un outsourcing con la distribución del producto.

3. Margen del mayorista

El mayorista recibe el 7% del precio de calle, que también es parte del coste de distribución. Este margen es importante para la presión al canal, en la cual las empresas deben mantener incentivos suficientes para los distribuidores, pero sin inflar demasiado el precio final.

4. Precio de Cesión

Este es el precio que Moderna paga a ROVI por la vacuna. Incluye los costes de fabricación más el margen de los productores (40%), que es lo que ROVI obtiene como recompensa por la fabricación.

- **Recuperación del coste de fabricación:** El coste de fabricación se recupera a través del precio de cesión. El 50% del coste para el productor se podría reducir mediante estrategias como el outsourcing o incrementando el volumen de producción para reducir los costes unitarios.

5. Coste de Fabricación

Este es el coste que incurre ROVI al fabricar la vacuna, incluyendo materias primas, salarios, maquinaria, amortizaciones, entre otros. Como mencionas en tus apuntes, los costes de fabricación pueden reducirse a través de un aumento en el volumen, lo que también permite disminuir el stock y dar salida a los productos con mayor rapidez.

6. Coste de Comercialización

Este coste se refiere a los gastos relacionados con la promoción, publicidad, logística y redes de ventas. Aunque en este caso no se detalla específicamente en la gráfica, es importante para la recuperación del precio total, tal como mencionas en tus apuntes: se pueden reducir mediante outsourcing o joint ventures, abaratando costes estructurales.

7. Precio de lista

Este incluye los **costes totales para el fabricante,** que son aquellos necesarios para producir el bien, como **materias primas, mano de obra, amortizaciones de maquinaria, y otros gastos operativos**. ROVI recupera estos costes a través del precio de lista, asegurándose de que no haya pérdidas en la fase de fabricación.

3 E-Logistics

Facultad de Derecho, Empresa y Gobierno

3.1 Introducción a e-Logistics

El e-logistics se refiere a la externalización y digitalización de los procesos logísticos a través de plataformas tecnológicas, lo que permite a las empresas gestionar de manera eficiente la cadena de suministro, reducir costos estructurales y mejorar la agilidad operativa. Mientras que la logística tradicional se refiere a la planificación y gestión del transporte, almacenamiento y distribución de productos de manera física. El e-Logistics utiliza tecnología y herramientas digitales para optimizar estos procesos, facilitando la gestión de envíos y datos en tiempo real a través de plataformas online.

En la industria farmacéutica, que está fuertemente regulada y requiere trazabilidad de productos, el elogistics optimiza procesos como la producción, distribución y atención al cliente.

A medida que las empresas adoptan modelos de e-business, se reemplazan funciones que tradicionalmente eran parte del diseño organizativo. **Customer Relationship Management (CRM), Supply Chain Management (SCM),** y **Enterprise Resource Planning (ERP)** se encargan de la administración de pedidos, inventarios, fabricación y relaciones con los clientes, eliminando departamentos internos y externalizando procesos a terceros especializados.

1. **CRM:** Sustituye las funciones de marketing, ventas y atención al cliente, proporcionando plataformas automatizadas que gestionan estas interacciones de manera digital.
2. **ERP:** Automatiza la gestión de la producción, las compras y las operaciones financieras, reduciendo la necesidad de equipos internos para manejar estas áreas.
3. **SCM:** Gestiona la logística y distribución de manera integral, incluyendo el aprovisionamiento, fabricación y envío, todo a través de plataformas digitales que optimizan la cadena de suministro.

Otros conceptos relacionados a explicar:
≡ **X-Flow:** X-Flow es una plataforma de gestión de flujos de trabajo que ayuda a automatizar y optimizar procesos internos en las organizaciones.es una herramienta digital diseñada para que las empresas puedan organizar y automatizar sus tareas diarias.Ofrece beneficios como eficiencia operativa, colaboración entre equipos e integración de sistemas.
≡ **E-Procurement:** El e-Procurement es un sistema o proceso digital que ayuda a las empresas a comprar productos y servicios de manera más eficiente a través de internet. En lugar de hacer pedidos, facturas o gestionar proveedores con papeles o correos electrónicos, todo se maneja online en una plataforma centralizada.Por ejemplo, una empresa puede usar e-Procurement para ver qué productos necesitan, buscar proveedores, hacer pedidos, recibir facturas y llevar el control de lo que se compra. Esto permite ahorrar tiempo, reducir errores y mejorar la transparencia en las compras.

3.2 Análisis de adaptación a e-logistics en la industria farmacéutica

Cadena de valor y flujos e-business en la industria farmacéutica:

El modelo de cadena de valor e-business se puede visualizar de manera clara en los flujogramas que ilustran cómo se integran las tecnologías de e-logistics en cada eslabón. A continuación, se describe el ciclo completo de una cadena de valor e-business:

1. **e-SRM (Supplier Relationship Management):** Sustituye la gestión de proveedores, integrando la compra de materias primas a través de plataformas digitales.
2. **e-SCM (Supply Chain Management):** Coordina las compras, fabricación y distribución de productos, asegurando un flujo eficiente de materiales y productos terminados.
3. **e-CRM (Customer Relationship Management):** Gestiona el servicio al cliente, marketing y ventas mediante plataformas digitales que optimizan el contacto con los distribuidores, farmacias y hospitales.

En el gráfico de "Cadena de Valor E-Business", cada eslabón desde la compra hasta la atención al cliente se externaliza, lo que significa que ningún departamento tiene que ser propio de la empresa. Esto reduce significativamente los costos estructurales al eliminar la necesidad de tener grandes equipos internos, y en su lugar, se utilizan plataformas digitales que manejan todas estas operaciones

Casos específicos de la industria farmacéutica

1. **Pfizer:** Pfizer externalizó gran parte de su producción durante el desarrollo de la vacuna contra el COVID-19. Utilizaron plataformas SCM avanzadas para coordinar la producción y distribución a través de múltiples fábricas. También emplean sistemas ERP para la planificación de la producción, gestionando la fabricación en diferentes regiones del mundo, lo que ha permitido a la compañía responder rápidamente a la demanda global.
2. **Sanofi:** Sanofi ha digitalizado la mayor parte de su cadena de suministro utilizando SAP ERP, que les permite gestionar los procesos de producción y distribución a través de una red global. Han integrado su sistema de e-CRM para interactuar directamente con hospitales y farmacias, optimizando el proceso de distribución de medicamentos biotecnológicos.
3. **Novartis:** Novartis utiliza herramientas de e-SCM para gestionar la cadena de suministro de sus medicamentos a nivel global. La integración de e-Procurement les ha permitido optimizar la compra de materias primas, asegurando que siempre tengan los insumos necesarios para la fabricación sin la necesidad de grandes inventarios.

Reducción de costos estructurales

Las empresas farmacéuticas han logrado reducir significativamente los costos estructurales mediante la adopción del e-business. Por ejemplo, Pfizer ha reducido los costos logísticos y de almacenamiento en un 15% tras implementar su sistema de SCM. Sanofi, por otro lado, ha logrado disminuir en un 20% los costos relacionados con la planificación de la producción y el mantenimiento de inventarios gracias a la automatización y externalización de estas áreas.

3.3 Análisis DAFO
¿como aplicar e-logistics a Laboratorios ROVI?

Fortalezas

1. **Capacidad de producción flexible:** Rovi, con su división CDMO, ya opera bajo un modelo que externaliza la producción para otras empresas. Esto le proporciona una base sólida para expandir su uso de plataformas digitales y optimizar aún más su capacidad productiva.ROVI ya cuenta con seis plantas de producción y una sólida red logística que cubre tanto España como varios países europeos. Esto proporciona una base sólida para implementar tecnologías de e-logistics, como la digitalización del seguimiento y control de inventarios. Además, acuerdos con proveedores clave y mayoristas logísticos farmacéuticos permiten una red de distribución eficaz, con un 67% de sus ingresos provenientes de ventas internacionales en 2023 (Laboratorios Rovi, 2023).

2. **Uso de plataformas integradas:** Actualmente, Rovi utiliza sistemas de ERP para la gestión de su cadena de suministro, lo que facilita la transición hacia un modelo más robusto de e-logistics.Rovi ya utiliza plataformas ERP como **SAP** para gestionar su producción y distribución, lo que les permite ampliar fácilmente su integración digital con CRM como **Veeva CRM,** una plataforma en la nube que optimiza la gestión de relaciones con los clientes. Esto permite una planificación eficiente de inventarios y facilitando la adaptación rápida de campañas de marketing para optimizar la logística y la satisfacción del cliente (Europa Press, 2014).

3. **Capacidades en automatización:** ROVI está invirtiendo en **automatización y expansión de su capacidad productiva,** como se muestra en su acuerdo con **Moderna** para la producción de vacunas de ARNm contra el Covid19, como parte de su negocio de producción a terceros (Laboratorios Rovi, 2023). Estas inversiones en tecnología avanzada pueden facilitar la integración de herramientas de elogistics, tales como el seguimiento en tiempo real y la automatización de inventarios.

4. **Externalización en su cadena de valor:** Laboratorios Rovi ha mencionado en su estrategia que externaliza gran parte de la distribución y almacenamiento de sus productos, especialmente utilizando grandes operadores logísticos como Cofares, Bidafarma y Alliance Healthcare, que se encargan de almacenar y distribuir los productos farmacéuticos a farmacias y hospitales. Por lo tanto, Rovi no mantiene un sistema interno robusto de almacenamiento propio en su totalidad, sino que confía en su red de mayoristas para este aspecto del proceso logístico. Esta estrategia de externalización del almacenamiento es coherente con la intención de reducir costes estructurales y mejorar la eficiencia logística, al mismo tiempo que se enfoca en el desarrollo y fabricación de productos farmacéuticos.

Debilidades

≡ **Dependencia en sistemas de terceros:** La adopción de e-logistics y tecnologías como IoT y Big Data implican una mayor dependencia en la estabilidad de los proveedores tecnológicos y de servicios logísticos, lo que puede generar riesgos si no se gestionan adecuadamente. La empresa depende de **más de 2,200 proveedores de 42 países,** lo que puede complicar la integración de un sistema unificado de e-procurement y e-logistics, dificultando el flujo rápido y eficiente de materiales dentro de su cadena de suministro (Laboratorios Rovi, 2023).

Oportunidades

☰ **Expansión en el mercado CDMO con e-logistics:** Rovi puede aumentar su capacidad de producción y distribución para otras farmacéuticas mediante el uso de plataformas digitales avanzadas como SAP S/4HANA e IoT, asegurando un proceso logístico completamente automatizado y eficiente.

Amenazas

1. **Regulación estricta:** Las farmacéuticas deben cumplir con regulaciones rigurosas que requieren un alto grado de control sobre la fabricación y la calidad del producto. Externalizar todo el proceso, especialmente la fabricación, comprometería el cumplimiento de estas normativas.

2. **La necesidad de control sobre la producción:** La producción de medicamentos implica un control exhaustivo sobre los procesos y estándares de calidad. Subcontratar toda la producción (que sería el equivalente a un modelo e-business completo) no es viable en la mayoría de los casos por cuestiones de calidad, seguridad y propiedad intelectual.

3. **La complejidad del sector:** El sector farmacéutico requiere la gestión de productos altamente especializados y delicados, lo que hace difícil externalizar todas las etapas del proceso sin comprometer la eficiencia o la seguridad del producto.

4 El Pequeño Libro Rojo de Las Ventas

4.1 Introducción a El Pequeño Libro Rojo de Las Ventas

El Libro Rojo de las Ventas nos informa sobre la compleja disciplina que constituye el proceso de venta, el cual trasciende la mera formalización de acuerdos. Para su realización óptima, se requiere de una comprensión profunda de las necesidades de los clientes y una estrategia clara que permita mantenerse relevante en el mercado, especialmente en una industria tan competitiva como la farmacéutica. Por ende, este texto propone diferentes principios que fundamentan el éxito a largo plazo de la fuerza de ventas de una empresa. Estos principios representan un conjunto único de desafíos y oportunidades para la fuerza de ventas, los cuales se pondrán en el contexto del sector farmacéutico para un análisis más íntegro de Laboratorios Rovi.

4.2 Principios clave del Libro Rojo aplicados a la industria

En la industria farmacéutica, las empresas exitosas implementan principios clave de ventas para destacar en un entorno altamente competitivo. Estos principios no solo son teóricos, sino que se aplican de manera práctica y estratégica en compañías líderes como Pfizer, Novartis y Johnson & Johnson, entre otras, para generar valor, fidelizar clientes y competir eficazmente en el mercado.

1. La diferenciación: Superar al guardián

La diferenciación es crucial en un entorno saturado de información y opciones. Los tomadores de decisiones, como médicos y administradores de hospitales, están protegidos por "guardianes", personas o procesos que limitan el acceso directo a ellos. Superar a estos guardianes implica ofrecer valor desde el primer contacto.

En la industria farmacéutica, la diferenciación no solo se logra presentando productos innovadores, sino también alineando los beneficios con las prioridades emocionales y prácticas de la organización. Esto puede incluir la mejora de la calidad de vida de los pacientes, la rentabilidad o la eficiencia clínica. Un ejemplo es Pfizer, que durante el lanzamiento de su vacuna Comirnaty superó estos obstáculos mediante la divulgación de información sobre seguridad y efectividad, abordando tanto inquietudes regulatorias como emocionales (Pfizer, 2024).

2. El manejo del arrepentimiento del comprador

El arrepentimiento del comprador es un fenómeno en el que el cliente siente inseguridad o dudas después de realizar una compra, lo que es particularmente relevante en la industria farmacéutica debido a los altos riesgos involucrados en la decisión de compra. Los representantes de ventas deben anticipar y gestionar este arrepentimiento proporcionando datos concretos, evidencia científica y testimonios que refuercen la confianza en el producto.

Merck, por ejemplo, ha logrado mitigar este arrepentimiento en la promoción de su inmunoterapia Keytruda, ofreciendo datos clínicos robustos que demuestran su eficacia en múltiples tipos de cáncer. Esta estrategia refuerza la confianza de los médicos y reduce la incertidumbre sobre la elección del producto (Merck, 2023).

3. La competencia al acecho

En un mercado tan competitivo como el farmacéutico, la competencia siempre está al acecho, lista para captar a los clientes de una empresa. Por lo tanto, es fundamental que los representantes no solo se enfoquen en adquirir nuevos clientes, sino que también dediquen tiempo a fidelizar a los actuales. Esto se logra construyendo relaciones basadas en la confianza y la comunicación constante.

Johnson & Johnson, a través de su filial Janssen, ejemplifica esta estrategia al ofrecer formación continua y seminarios que no solo educan a los médicos sobre sus productos, sino que también fortalecen la relación a largo plazo. Este enfoque ha permitido a

la empresa mantener la lealtad de sus clientes, incluso en mercados altamente competitivos como el de las terapias oncológicas (PharmExec, 2024).

4. Multiplicar ventas: Estrategias de crecimiento

Las estrategias de crecimiento son esenciales para aumentar las ventas y la participación en el mercado. Para las empresas farmacéuticas, estas estrategias incluyen la identificación de nuevas oportunidades de negocio y la expansión en mercados poco explorados. Entre las tácticas más comunes están:

≡ **Aumentar el número de prospectos:** Esto implica la segmentación del mercado para identificar nuevos grupos de clientes potenciales. Por ejemplo, GSK ha utilizado estrategias digitales, como seminarios web, para atraer a nuevos médicos interesados en sus productos, especialmente en el segmento de vacunas como Shingrix (GSK, 2024).

≡ **Conseguir referencias de clientes actuales:** La satisfacción de los clientes actuales puede generar confianza entre potenciales compradores. Las empresas que fomentan relaciones sólidas con los médicos a menudo obtienen recomendaciones valiosas que les ayudan a expandir su base de clientes.

5. Fidelización del cliente: La clave para la repetición de compra

La fidelización del cliente es fundamental para garantizar compras repetidas y mantener una relación sólida a largo plazo. En la industria farmacéutica, esto se logra a través de una comprensión profunda de las necesidades del cliente y la personalización de la oferta. Las empresas deben ofrecer productos y servicios que se ajusten a las necesidades clínicas específicas de los médicos y las instituciones de salud.

Un ejemplo claro es Novartis, que utiliza sistemas avanzados de gestión de relaciones con clientes (CRM) para personalizar sus interacciones con los médicos y adaptar sus soluciones a las necesidades particulares de cada cliente. En el área de oncología, Novartis no solo proporciona medicamentos, sino también plataformas digitales que permiten a los médicos monitorear a sus pacientes en tiempo real, lo que incrementa la confianza en sus productos y refuerza las relaciones a largo plazo (PharmExec, 2024).

6. Evitar errores comunes en la venta

Existen varios errores que los representantes de ventas deben evitar para asegurar el éxito. Entre ellos, destaca hablar antes de escuchar, automatizar las respuestas o no seguir de manera adecuada los acuerdos con los clientes. Estos errores pueden dañar gravemente la relación con el cliente, especialmente en un sector tan sensible como el farmacéutico.

Grifols, por ejemplo, ha puesto énfasis en la formación continua de su fuerza de ventas, asegurándose de que sus representantes no solo comprendan bien sus productos, sino que también escuchen activamente a sus clientes para adaptar sus soluciones de manera efectiva. Además, su enfoque en el seguimiento postventa ha sido clave para mantener la fidelidad de los clientes en un entorno tan competitivo (Grifols, 2023).

4.3 Análisis DAFO:
¿cómo aplicar El Libro Rojo a Laboratorios ROVI?

Fortalezas

1. **Relaciones sólidas con clientes clave:** Las relaciones sólidas con los clientes son un pilar fundamental para Rovi. Según "El Pequeño Libro Rojo de las Ventas", la fidelización del cliente es clave para el éxito a largo plazo, y Rovi tiene una ventaja en este sentido, ya que ha establecido asociaciones estratégicas con grandes compañías internacionales, como su acuerdo con Moderna para la fabricación de la vacuna contra la COVID-19. Este acuerdo, que se ha extendido por 10 años, es una clara indicación de la confianza que sus clientes depositan en la empresa y su capacidad para gestionar relaciones comerciales sostenibles (Laboratorios Rovi, 2023). Asimismo, Rovi ha fortalecido sus relaciones con sus clientes mediante su inversión en I+D y la ampliación de su capacidad de fabricación a terceros, lo que le ha permitido mantener la confianza y satisfacer las crecientes demandas del mercado.

2. **Posicionamiento de calidad y reputación:** La percepción de calidad es fundamental en ventas, y Rovi tiene una ventaja competitiva por la alta calidad y tecnología de sus productos. El Libro Rojo subraya que la confianza es clave en las decisiones de compra, y Rovi, con sus innovaciones como la tecnología ISM y su fuerte enfoque en I+D, goza de una reputación que refuerza esta confianza. Sus certificaciones internacionales, como la reciente aprobación de la FDA para la producción de vacunas de ARNm, subrayan su capacidad para competir en mercados altamente regulados (Laboratorios Rovi, 2023).

3. **Potencial de diferenciación:** El Libro Rojo destaca que la diferenciación es crucial para destacar en mercados saturados. Rovi tiene la oportunidad de diferenciarse no solo por la calidad de sus productos, sino también por servicios complementarios como la personalización y la integración digital. La empresa ha implementado plataformas tecnológicas que facilitan la administración clínica de sus productos, lo que refuerza la fidelidad del cliente. La innovación en la logística de distribución y la personalización de servicios es otra área donde Rovi puede destacarse (Laboratorios Rovi, 2024).

Debilidades

1. **Gestión del arrepentimiento del comprador:** El Libro Rojo menciona el riesgo del arrepentimiento del comprador, especialmente relevante en la industria farmacéutica, donde las compras suelen ser de alto valor. Rovi, al gestionar productos de gran envergadura como las heparinas y Okedi, puede enfrentar este riesgo si los clientes no ven un retorno inmediato de la inversión o enfrentan problemas logísticos. Para mitigar esto, la empresa debe proporcionar datos sólidos sobre proyecciones de mercado y asegurar una planificación logística eficiente para evitar problemas de exceso de inventario (Laboratorios Rovi, 2023).

2. **Falta de automatización y personalización en ventas:** Aunque Rovi ha avanzado en la automatización en áreas de producción y distribución, podría mejorar en la personalización de las ventas. El Libro Rojo subraya que una falta de perso-

nalización en las interacciones de ventas puede alejar a los clientes, algo que es particularmente importante en mercados altamente personalizados como el farmacéutico. La implementación de herramientas CRM más avanzadas y análisis predictivos en el ciclo de ventas podría mejorar significativamente este aspecto (Laboratorios Rovi, 2023).

3. **Estrategias de prospección tradicionales:** Según Gitomer, las tácticas tradicionales como las "llamadas en frío" son menos efectivas hoy en día. Si bien Rovi ha comenzado a modernizar su enfoque de ventas participando en conferencias científicas y eventos clave, existe espacio para mejorar en la prospección digital. Integrar más eventos educativos, seminarios web y otros contenidos digitales puede permitir que Rovi fortalezca su estrategia de prospección y amplíe su red de contactos sin recurrir a métodos menos efectivos.

Oportunidades

1. **Expansión internacional y diversificación:** Rovi ha experimentado un crecimiento significativo en su presencia internacional, con productos clave como las heparinas y Okedi penetrando en nuevos mercados como Europa y América Latina. Además, la fabricación para terceros, que representa una parte significativa de su negocio, ofrece una oportunidad de crecimiento en el contexto global de aumento de demanda por biológicos y biosimilares (Laboratorios Rovi, 2023).

2. **Mayor integración digital en ventas:** El Libro Rojo sugiere que la combinación de marketing digital con la fuerza de ventas tradicional es una manera efectiva de incrementar el alcance y la influencia. Rovi tiene la oportunidad de aprovechar esta estrategia, integrando más canales digitales y automatizando el contacto con clientes mediante CRM avanzados. La educación continua a través de webinars y contenido en línea puede ser una herramienta eficaz para mejorar la relación con los profesionales de la salud.

3. **Innovación y desarrollo de productos biosimilares:** La capacidad de Rovi para innovar en el desarrollo de productos, como se refleja en el crecimiento de su línea de biosimilares, presenta una oportunidad para diferenciarse más en el mercado. Con la creciente demanda global de biosimilares y la continua expansión de su planta de fabricación, Rovi puede consolidar su liderazgo en este campo (Laboratorios Rovi, 2023).

Amenazas

1. **Competencia en mercados clave:** La competencia en la industria farmacéutica es feroz, especialmente en el mercado de biosimilares y productos inyectables. El Libro Rojo menciona la importancia de mantener la lealtad del cliente frente a la constante amenaza de la competencia. Rovi enfrenta grandes rivales internacionales, como CZ Vaccines y Fresenius Kabi, lo que hace que la fidelización sea un reto constante. Los competidores podrían atraer a los clientes de Rovi con productos más económicos o servicios adicionales.

2. **Incertidumbre en la regulación global:** Los cambios en las regulaciones farmacéuticas y los procesos de aprobación en diferentes países pueden presentar un desafío. Aunque Rovi tiene una sólida posición en cumplimiento normativo, cualquier cambio en los marcos regulatorios puede impactar sus lanzamientos y ventas, especialmente a nivel internacional.

3. **Impacto de la fluctuación de precios de materias primas:** La dependencia de materias primas clave, como las heparinas, presenta una amenaza significativa debido a las fluctuaciones en el mercado global. Rovi ha tomado medidas para reducir este riesgo mediante la integración vertical, como la creación de Glicopepton Biotech, pero sigue siendo vulnerable a la volatilidad de los precios y problemas de suministro (Laboratorios Rovi, 2023).

5 Propuestas Best Practice

5.1 E-Logistics

5.1.1 PROPUESTA

El concepto de e-business se refiere a la digitalización de procesos y la externalización de ciertos servicios para mejorar la eficiencia operativa. Sin embargo, en el caso de un fabricante como Rovi, la externalización de la producción sería contradictoria, ya que su valor diferencial es precisamente ser fabricante de sus productos, controlar los estándares de calidad, por lo que esto iría en contra de su modelo de negocio.

Por lo tanto, la propuesta de best practice para Laboratorios Rovi se centra en un enfoque híbrido donde Rovi mantenga el control total sobre la producción (incluyendo el BDU de CDMO, especialidades farmacéuticas y la investigación y desarrollo - I+D), pero externalice y automatice las funciones logísticas y la distribución, y optimice los flujos de información. Esto permite reducir costes estructurales sin comprometer su esencia como empresa. La adopción de tecnologías avanzadas como Big Data, IoT e inteligencia artificial mejorarían tanto la predicción de demanda como la eficiencia operativa.

Objetivos

Considerando que Rovi ya externaliza su distribución a mayoristas, volverse un e-business debe enfocarse en:
1. Digitalizar los procesos en áreas como la logística, distribución, relación con clientes (CRM), y la gestión de inventarios.
2. Mantener control sobre la fabricación: La producción de productos farmacéuticos debe seguir siendo interna para garantizar la calidad y los estándares regulatorios, especialmente para cumplir con los compromisos del CDMO.

5.1.2 PLAN DE ACCIÓN: HACER CADENA DE VALOR VISUAL

Para implementar la propuesta híbrida de e-logistics en Laboratorios Rovi, es fundamental identificar qué áreas de la cadena de valor se transformarán en el proceso hacia un modelo e-business, sin externalizar la producción.

a) Transformación hacia la cadena de valor e-logistics:

Como mencionamos previamente, el flujograma actual de Rovi incluye desde la I+D, pasando por la producción y el CDMO, hasta la distribución, con dos modelos de canal (directo a hospitales y mayoristas).

Cambios en el Flujograma:

1. **Etapa de I+D y Diseño (e-SRM):**
   - Big Data se utilizará para analizar grandes volúmenes de datos provenientes de diversas fuentes (mercados, estudios clínicos, tendencias de consumo) para

tomar decisiones más precisas sobre qué productos desarrollar y cómo ajustar el diseño a las necesidades del mercado.

☐ Esto permite optimizar la relación con los proveedores en tiempo real, a través de un sistema e-SRM, ajustando automáticamente los pedidos de materiales y recursos según las previsiones de demanda y la evolución del desarrollo de productos.

2. **Etapa de Producción y Fabricación (e-SCM):**

☐ IoT (Internet de las Cosas) se emplea en toda la cadena de producción para monitorear el estado de la maquinaria, calidad de productos, y niveles de inventario en tiempo real. Los sensores conectados permiten saber el estado exacto de cada etapa de la fabricación y ajustar las operaciones automáticamente si es necesario, por ejemplo, cuando una máquina necesita mantenimiento o cuando un lote no cumple con los estándares de calidad.

☐ Big Data también se usa aquí para ajustar la producción según la demanda proyectada en tiempo real, alineando la fabricación con las ventas previstas por el e-CRM. Esto reduce la sobreproducción y mejora el uso eficiente de los recursos.

3. **Gestión de Pedidos y Demanda (e-CRM y e-SCM):**

☐ Recetas electrónicas ya utilizadas en pedidos a hospitales serán gestionadas automáticamente por el sistema e-CRM, integrando la previsión de demanda con la logística. Esto asegura que la fabricación y distribución se ajusten dinámicamente a las necesidades reales de los clientes, reduciendo el exceso de inventario.

☐ La trazabilidad en tiempo real mediante IoT significa que tanto Rovi como los clientes (hospitales o mayoristas) pueden rastrear cada paso del pedido, desde la fabricación hasta la entrega. Se utiliza una red de dispositivos conectados que proporcionan información continua sobre la localización de los productos, estado del inventario, y tiempos de llegada, lo que optimiza las decisiones logísticas.

4. **Distribución y Logística (e-SCM):**

☐ IoT proporciona un control total de la logística externa. Los productos se rastrean desde que salen de las plantas de fabricación hasta que llegan al cliente final, lo que permite optimizar las rutas de distribución y ajustarlas en tiempo real según las condiciones del tráfico, la demanda, o los cambios en los tiempos de entrega.

☐ Esta capacidad de monitoreo en tiempo real reduce los tiempos de respuesta, asegura una entrega más rápida y eficiente, y mejora la satisfacción del cliente.

☐ Reducción de costes del 10-15%, ya que la trazabilidad y la planificación eficiente con IA optimizan todo el proceso de distribución.

5. **Marketing, Ventas y Atención al Cliente (e-CRM):**

☐ Veeva CRM, ya implementado, se transforma en un e-CRM completo, permitiendo la automatización total de la gestión de clientes. Esto significa que las campañas de marketing se ajustan automáticamente basadas en el análisis de datos históricos y comportamientos de compra en tiempo real.

- ☐ Big Data analiza grandes cantidades de información sobre clientes (hospitales y mayoristas), lo que permite identificar patrones de compra y ajustar automáticamente las estrategias de marketing, ofreciendo a los clientes productos en los momentos exactos en que más los necesitan, personalizando cada interacción.
- ☐ IA ajusta automáticamente los ciclos de ventas, predice qué productos necesitarán los clientes en función de sus comportamientos previos, y mejora la capacidad de respuesta a sus necesidades, reduciendo el ciclo de ventas en un 20%.

b) Transformación con la cadena de valor e-logistics:

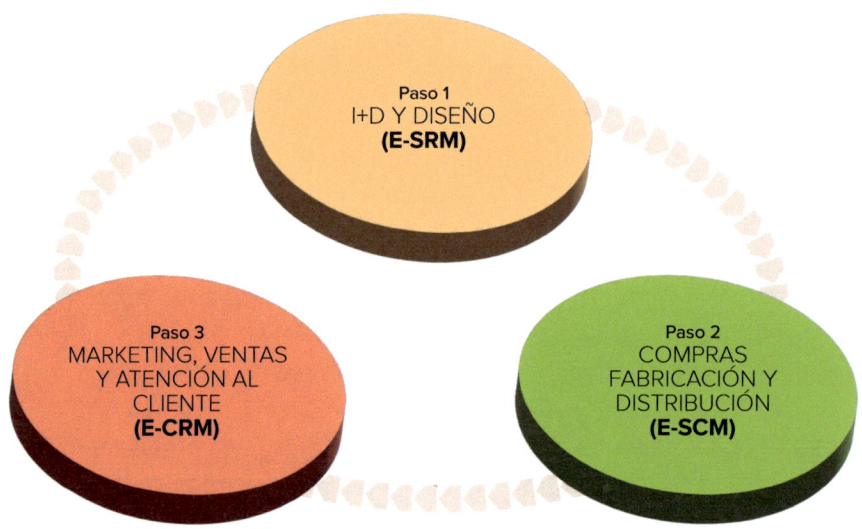

1. **I+D y Diseño (e-SRM):**
   - ☐ Big Data y e-SRM transforman las fases de investigación y desarrollo, analizando patrones de mercado para ajustar mejor el diseño y fabricación de nuevos productos. Esto reduce los tiempos de desarrollo y ajusta la producción de acuerdo a la demanda real, mejorando la relación con proveedores.

2. **Compras, Fabricación y Distribución (e-SCM):**
   - ☐ IoT y e-SCM permiten la trazabilidad completa en la cadena de suministro, asegurando un monitoreo constante de cada fase del proceso. La externalización de la distribución se controla en tiempo real, optimizando las rutas y reduciendo los costes.
   - ☐ Reducción realista de costes de entre 10-15%, gracias a la automatización de la planificación logística y la reducción de tiempos de entrega.

3. **Marketing, Ventas y Atención al Cliente (e-CRM):**
   - ☐ Veeva CRM se convierte en un e-CRM automatizado, que ajusta las campañas de marketing en tiempo real basadas en Big Data y análisis predictivos, reduciendo los costes de marketing y ventas entre 810% y mejorando la relación con los clientes a través de interacciones personalizadas.

5.1.3 INDICADORES DE ÉXITO (KPI'S):

1. **Trazabilidad en Tiempo Real (IoT):**
   - ☐ Reducción del 15% en tiempos de entrega gracias al monitoreo en tiempo real de los envíos, mejorando la eficiencia logística.
   - ☐ Mejora del 20% en la eficiencia logística, reduciendo tiempos y costes asociados a imprevistos en la distribución.

2. **Optimización de la Demanda (Big Data + e-CRM):**
   - ☐ Disminución del 15% en inventarios mediante el ajuste preciso de la producción a la demanda real proyectada por el e-CRM, reduciendo el capital inmovilizado en productos no vendidos.

3. **Aumento de la Satisfacción del Cliente (e-CRM):**
   - ☐ Incremento del 15% en la satisfacción de clientes, debido a la capacidad de prever sus necesidades y ajustar las interacciones con ellos de manera automática y personalizada.

5.1.4 VIABILIDAD DE LA PROPUESTA: PROS Y CONTRAS

Pros

1. **Flexibilidad y Escalabilidad:**
   El uso de e-SCM permite ajustar la producción de forma precisa y rápida a los cambios de demanda, reduciendo la sobreproducción y optimizando el uso de recursos. Esto da a Rovi una mayor capacidad de respuesta ante fluctuaciones en la demanda del mercado farmacéutico, como nuevos desarrollos terapéuticos o emergencias de salud pública.

2. **Transparencia y Control Operativo:**
   La trazabilidad en tiempo real mediante IoT mejora la visibilidad en todas las fases de la cadena de suministro, asegurando el control sobre el proceso de distribución externalizado. Esto no solo garantiza una entrega más rápida, sino que también permite un cumplimiento normativo más eficiente, crucial en la industria farmacéutica.

3. **Posicionamiento Estratégico como Innovador:**
   Implementar IoT, Big Data y e-CRM refuerza la reputación de Rovi como una empresa innovadora en el sector farmacéutico, lo que puede atraer alianzas estratégicas y generar nuevas oportunidades de negocio. Este posicionamiento es clave en un mercado cada vez más digitalizado y competitivo.

4. **Reducción de Riesgos Operacionales:**
   La automatización de procesos clave mediante e-SCM e IoT reduce la dependencia de la intervención humana, minimizando los errores en fabricación, distribución y gestión de inventarios. Esto mejora la capacidad de la empresa para prevenir interrupciones en la cadena de suministro y cumplir con estándares de calidad.

5. **Sostenibilidad y Eficiencia:**
El ajuste preciso de la producción basado en las previsiones de demanda (gracias a Big Data y e-CRM) reduce el desperdicio de materiales y el uso innecesario de energía. Esto contribuye a la sostenibilidad a largo plazo, alineando a Rovi con las tendencias de la industria hacia prácticas más responsables y eficientes.

Contras

1. **Pérdida de Control Directo sobre la Logística:**
La externalización de la distribución implica que Rovi dependerá de proveedores logísticos para garantizar tiempos de entrega y calidad en el servicio. A pesar de la mejora en la trazabilidad proporcionada por IoT, la capacidad de reaccionar rápidamente a problemas logísticos puede verse limitada por la eficiencia y disponibilidad de los operadores externos.

2. **Desafíos en la Coordinación con Proveedores:**
La externalización de la logística y algunos procesos clave aumenta el riesgo de desajustes entre los tiempos de producción y la capacidad de los proveedores externos, lo que puede afectar la eficiencia global de la cadena de suministro. Una mala coordinación podría provocar demoras en la entrega o roturas de stock.

3. **Retos Internos en la Integración de Tecnologías Avanzadas:**
La adopción de e-SCM, e-CRM y la automatización completa de la cadena de suministro requerirá una fuerte integración de sistemas y una capacitación intensiva del personal. La resistencia interna y la curva de aprendizaje prolongada pueden generar retrasos en la implementación de la transformación digital, afectando la eficiencia a corto plazo.

4. **Impacto en la Estrategia CDMO:**
La externalización de áreas como la distribución y la logística podría afectar la percepción de Rovi como un fabricante altamente especializado dentro del mercado CDMO. Al externalizar demasiados procesos, Rovi podría perder control sobre áreas críticas que son parte de su valor añadido en la fabricación para terceros.

5. **Coste Elevado de Implementación y Mantenimiento:**
Las inversiones iniciales en tecnologías avanzadas, como IoT, Big Data y sistemas integrados de eSCM y e-CRM, implican un gasto significativo. Además, los costes de mantenimiento continuo y las actualizaciones tecnológicas añaden una carga financiera que podría afectar la rentabilidad en el corto plazo, aunque los beneficios a largo plazo son evidentes.

5.1.5 CASO DE ESTUDIO: LABORATORIOS ABBOTT Y GRIFOLS

Dos referentes en la industria farmacéutica que han logrado implementar con éxito los modelos de elogistics avanzados, los cuales sirven como ejemplos de buenas prácticas

son Laboratorios Abbott y Grifols. Laboratorios Rovi podría considerar estos ejemplos para optimizar su propia cadena de suministro.

≡ **Abbott:** han digitalizado su cadena de suministro utilizando IoT y Big Data para gestionar inventarios en tiempo real y optimizar la distribución de productos farmacéuticos y dispositivos médicos a nivel global. Según informes, Abbott emplea plataformas de e-logistics que permiten un seguimiento constante de productos sensibles, ajustando dinámicamente las rutas de distribución basadas en la demanda y las condiciones logísticas. Esta estrategia ha mejorado la eficiencia y el cumplimiento normativo, factores clave en la industria de la salud .

≡ **Grifols**: un líder en productos derivados del plasma, ha desarrollado un sistema de e-logistics que conecta digitalmente su red de fábricas y centros de distribución. Grifols utiliza tecnología avanzada de planificación de la demanda (e-SCM) para sincronizar la producción con las necesidades del mercado, minimizando los costos de almacenamiento y optimizando la trazabilidad de los productos desde su origen hasta su entrega final. Este modelo ha permitido a Grifols mejorar la transparencia operativa y la satisfacción de sus clientes, además de garantizar una mayor eficiencia

Rovi puede mejorar su logística aplicando las mejores prácticas de Abbott y Grifols en e-logistics, enfocándose en la digitalización completa del seguimiento de productos y la optimización de rutas. A diferencia de la logística tradicional, donde la gestión es reactiva y manual, e-logistics permite monitorear en tiempo real la ubicación y condiciones de los envíos, automatizando decisiones como el ajuste de inventarios y rutas. Rovi podría implementar sistemas basados en IoT y Big Data para reducir costes, mejorar la trazabilidad de productos farmacéuticos críticos y asegurar una respuesta más rápida a fluctuaciones en la demanda, todo manteniendo el control interno de su producción.

5.2- Best Practice: El Pequeño Libro Rojo de Las Ventas

5.2.1- PROPUESTA

Crear una biblioteca de videos interactivos con testimonios de médicos que usan productos de ROVI en sus pacientes, destacando tanto los beneficios clínicos como los económicos de los tratamientos en situaciones reales. Estos videos tendrán como objetivo principal **superar al "guardián",** es decir, a las personas que suelen filtrar el acceso a los tomadores de decisiones en hospitales e instituciones sanitarias. Al ofrecer evidencia directa de los beneficios de los productos de ROVI, no sólo en términos técnicos sino también en cómo mejoran la calidad de vida de los pacientes, el equipo de ventas podrá usar este material para captar la atención de los decisores clave, tales como jefes de servicio, médicos especialistas y administradores hospitalarios.

El contenido de los videos destacará cómo los productos de ROVI, como las heparinas de bajo peso molecular y las tecnologías innovadoras como la ISM (In-Situ Microparticles), tienen un impacto positivo tanto en la práctica clínica diaria como en la gestión de recursos hospitalarios, lo que mejora la rentabilidad y la eficiencia de las instituciones de salud.

5.2.2- PLAN DE ACCIÓN

Fase 1: Investigación y planificación

Ξ **Identificación de casos de éxito:** El primer paso será identificar médicos y hospitales que hayan tenido experiencias exitosas con productos de ROVI. Estos casos deben abarcar diversas áreas terapéuticas para reflejar el alcance completo del portafolio de productos de la empresa. El equipo de marketing junto con el de ventas y relaciones públicas debe seleccionar testimonios relevantes que puedan reflejar el impacto tanto en términos clínicos como económicos.

Ξ **Definición de objetivos para cada video:** Cada testimonio debe estar orientado a cubrir aspectos específicos como:
   - ☐ Impacto en la salud de los pacientes (mejoras en la calidad de vida).
   - ☐ Eficiencia en el uso de recursos hospitalarios (disminución de costos o optimización del tratamiento).
   - ☐ Beneficios económicos para las instituciones (mejor rendimiento del presupuesto de salud).
   - ☐ Reducción de efectos secundarios o mejora en la seguridad de los tratamientos.

Fase 2: Producción de contenido

Ξ **Audiovisual:** Es necesario colaborar con una agencia especializada en la creación de contenido interactivo y médico para garantizar que los videos tengan la calidad técnica y estética adecuada, además de cumplir con las normativas y regulaciones de comunicación en la industria farmacéutica.

Ξ **Grabación de los testimonios:** Se organizarán entrevistas con los médicos seleccionados para que compartan sus experiencias. Los videos deben ser interacti-

 **UFV** | Editorial

vos, permitiendo al espectador explorar diferentes aspectos clínicos y económicos según sus intereses.

≡ **Edición y postproducción:** Los videos deben ser editados para garantizar que presenten la información de manera clara, concisa y visualmente atractiva. Es importante incluir gráficos y comparativas para ilustrar el impacto económico y clínico.

Fase 3: Capacitación y despliegue

≡ **Integración con la fuerza de ventas:** El equipo de ventas debe ser capacitado para utilizar estos videos como parte de su estrategia de presentación a los clientes. Deben aprender cómo aprovechar el contenido interactivo para guiar la conversación con los decisores clave, destacando los puntos más relevantes según las necesidades del cliente.

≡ **Difusión en plataformas digitales:** Además de ser utilizados por la fuerza de ventas en reuniones presenciales, los videos también deben estar disponibles en plataformas digitales de ROVI, como su página web y canales de redes sociales. Esto permitirá llegar a un público más amplio y posicionar la empresa como innovadora en su comunicación.

Fase 4: Seguimiento y optimización

≡ **Recopilación de feedback:** Tras el lanzamiento de los videos, se debe recopilar feedback tanto de los representantes de ventas como de los clientes para evaluar su efectividad. Esto ayudará a mejorar el contenido o adaptar los videos a necesidades emergentes.

≡ **Actualización periódica:** La industria farmacéutica está en constante evolución, por lo que será necesario actualizar los videos regularmente con nuevos casos de éxito o información de productos recientes de ROVI.

5.2.3- INDICADORES DE ÉXITO (KPI'S)

1. Tasa de conversión de prospectos a clientes

≡ Indicador principal que medirá el porcentaje de prospectos que, después de visualizar los videos interactivos, se convierten en clientes. Este indicador permitirá medir el impacto directo de la estrategia sobre el crecimiento de ventas.

≡ **Meta:** Incremento del 15% en la tasa de conversión de prospectos a clientes en los primeros 6 meses.

2. Incremento en la tasa de reuniones con decisores clave:

≡ Medir la cantidad de reuniones que los representantes de ventas logran concretar con decisores clave, como médicos jefes o administradores hospitalarios, tras el uso de los videos interactivos.

≡ **Meta:** Aumento del 20% en reuniones efectivas tras la implementación de la estrategia.

56   SI≡   **LABORATORIOS ROVI I**

3. Retención de clientes actuales:

≡ Evaluar el nivel de satisfacción de los clientes actuales y su disposición a realizar compras repetidas. Este KPI ayudará a medir la fidelización a largo plazo generada por la estrategia de testimonios.

≡ **Meta:** Mejorar la retención de clientes en un 10% en el primer año.

4. Engagement digital:

≡ Medir la interacción de los usuarios con los videos a través de plataformas digitales (número de visualizaciones, tiempo de visualización promedio, clics, compartidos).

≡ **Meta:** Incrementar la participación en las plataformas digitales en un 30% en el primer año.

5. Incremento en la satisfacción del cliente:

≡ A través de encuestas postventa, evaluar cómo la estrategia de videos ha mejorado la percepción de los productos ROVI, tanto en términos de calidad como de eficiencia.

≡ **Meta:** Obtener un índice de satisfacción del cliente de al menos 90%.

5.2.4 VIABILIDAD DE LA PROPUESTA: PROS Y CONTRAS

Pros

1. **Aumento de la credibilidad y confianza:** El uso de testimonios reales de médicos de renombre genera una mayor confianza en los productos de ROVI. En la industria farmacéutica, donde la toma de decisiones está altamente influenciada por la percepción del riesgo y la seguridad, esta estrategia ayuda a mitigar cualquier duda que los compradores pudieran tener.

2. **Personalización y diferenciación:** Los videos permiten una adaptación específica a las necesidades de cada cliente, resaltando aquellos aspectos del producto que son más relevantes para su entorno clínico y de negocio, lo que mejora la competitividad de ROVI en el mercado.

3. **Mayor alcance y posicionamiento digital:** La combinación de los videos con plataformas digitales permitirá llegar a un público más amplio y mejorar la percepción de la marca, posicionándose como una empresa que utiliza herramientas innovadoras para comunicar sus beneficios.

4. **Facilita el acceso a decisores clave:** Los videos interactivos permitirán a los representantes de ventas tener una herramienta poderosa para captar la atención de los decisores y superar la barrera del "guardián" en las instituciones de salud, donde los filtros suelen dificultar el acceso a las personas responsables de la toma de decisiones.

Contras

1. **Alto costo inicial:** La producción de videos interactivos, especialmente con testimonios médicos, implica un costo significativo tanto en términos de tiempo como de dinero. Esto incluye gastos de producción, edición, postproducción y la contratación de una agencia especializada.

2. **Actualización constante:** Debido a la naturaleza cambiante del sector farmacéutico y las regulaciones, los videos necesitarán ser actualizados regularmente para mantenerse relevantes. Esto implica un compromiso continuo de recursos.

3. **Resistencia interna:** Algunos miembros del equipo de ventas podrían mostrar resistencia a adoptar esta nueva estrategia digital, prefiriendo los métodos tradicionales de contacto y venta. Será necesario un proceso de capacitación adecuado para que adopten completamente la herramienta.

4. **Dependencia del feedback:** Si no se realiza un seguimiento adecuado de los resultados de la estrategia o si los representantes de ventas no proporcionan el feedback necesario, los videos podrían perder efectividad sin que se detecten las áreas de mejora.

Esta propuesta no solo mejora la efectividad de la fuerza de ventas de ROVI, sino que también posiciona a la empresa como líder en innovación dentro de la industria farmacéutica, incrementando su alcance y potenciando la fidelización de sus clientes.

6 Conclusiones

Laboratorios Rovi ha experimentado una evolución significativa a lo largo de los años, posicionándose como uno de los principales actores en el sector farmacéutico español. Sin embargo, su trayectoria no ha estado exenta de dificultades, incluidos errores estratégicos y críticas por parte de otros laboratorios.

Uno de los momentos más duros ocurrió en 2021, cuando la compañía fue objeto de críticas internacionales debido a la contaminación de varios lotes de la vacuna de Moderna, que producía en España. Las vacunas contaminadas se distribuyeron en Japón y se encontraron partículas metálicas en los viales, lo que provocó la retirada de millones de dosis. La situación se agravó con la noticia de que dos personas fallecieron tras recibir las vacunas contaminadas, aunque no se confirmó una relación directa entre las muertes y la vacuna. Este incidente impactó negativamente en la reputación de Rovi y provocó una fuerte caída en su valor en bolsa.

A pesar de este revés, Rovi ha mantenido su enfoque en la expansión y el desarrollo de nuevas tecnologías. En los últimos años, ha invertido en ampliar su capacidad productiva y en proyectos de investigación y desarrollo (I+D). Un ejemplo es su trabajo con tecnologías avanzadas para la liberación prolongada de medicamentos, especialmente en el área de la oncología y el sistema nervioso central. Además, ha cerrado acuerdos clave, como su alianza con el Banco Europeo de Inversiones (BEI) para financiar sus proyectos de I+D.

Rovi también ha enfrentado varios errores en la comercialización de sus productos a lo largo de los años. Estos problemas se centran principalmente en estrategias fallidas de lanzamiento y dificultades para posicionar sus medicamentos en mercados altamente competitivos.

Uno de los casos más destacados fue con sus biosimilares, especialmente la enoxaparina, un anticoagulante biosimilar. Aunque Rovi lanzó este medicamento en 2018 con expectativas de éxito, no logró el impacto esperado. La falta de diferenciación clara frente a competidores más establecidos, así como la dificultad para ofrecer un precio suficientemente atractivo para el mercado, obstaculizaron su penetración en países clave ROVI. Además, la comercialización de otros productos, como Mysimba, un medicamento para la gestión del peso, también tuvo un desempeño por debajo de lo esperado. Esto se debió, en parte, a una campaña de marketing inicial débil y la poca distinción respecto a otros tratamientos ya disponibles en el mercado ANALISTA FPTD.

Otro problema que Rovi ha enfrentado es su dependencia de acuerdos de licencia y colaboración con grandes farmacéuticas, como la asociación con Moderna para la fabricación de vacunas contra la COVID-19. Si bien estos acuerdos han impulsado el crecimiento de la compañía, también la exponen a riesgos cuando estas alianzas no se traducen en resultados a largo plazo o si no logran asegurar acuerdos sólidos y sostenibles ROVI.

En resumen, aunque Rovi ha enfrentado obstáculos serios, incluyendo errores y críticas en su comercialización, ha demostrado resiliencia a través de la innovación y su capacidad de adaptación.

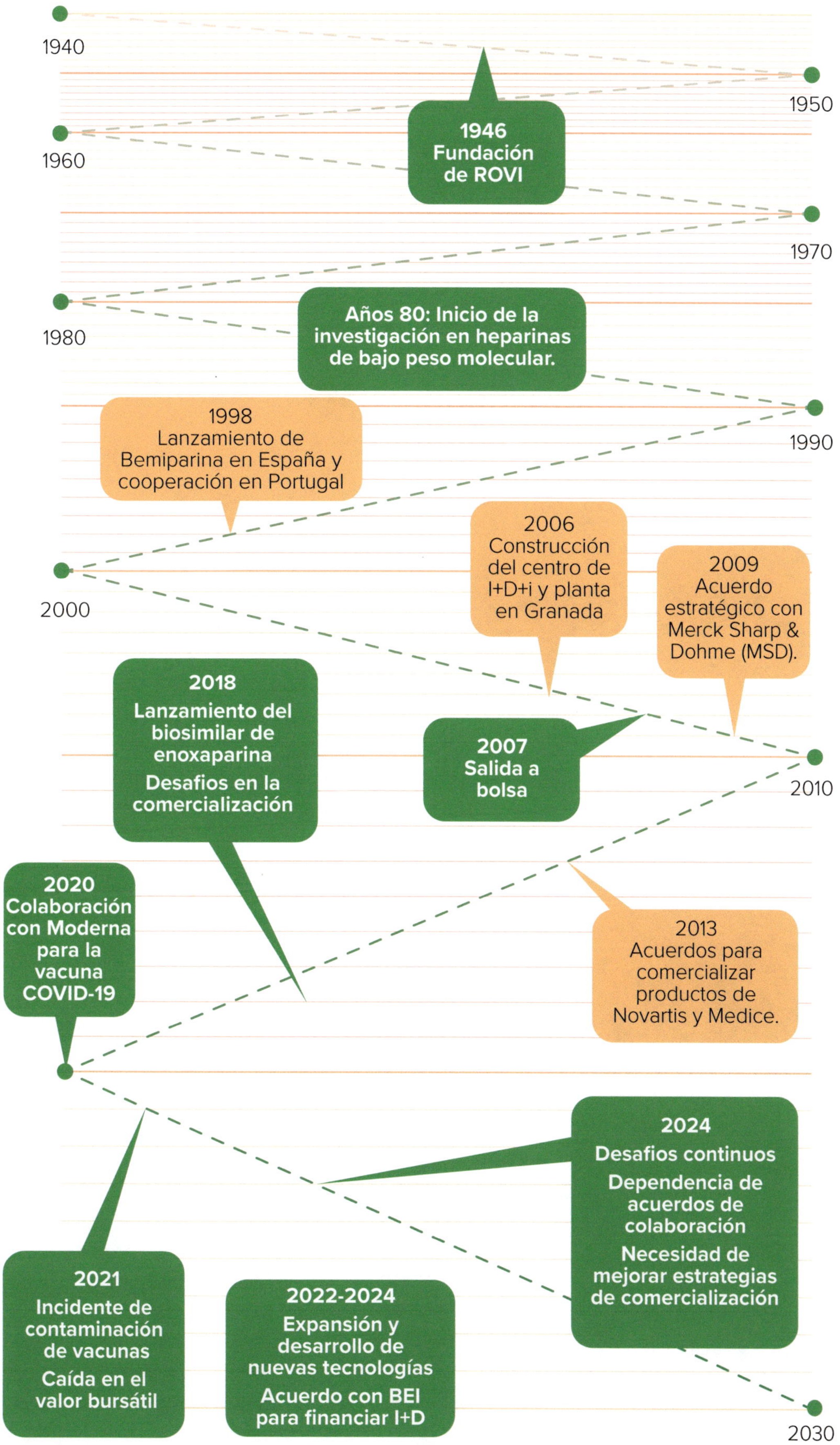

1940

1950

1946
Fundación
de ROVI

1960

1970

1980

Años 80: Inicio de la investigación en heparinas de bajo peso molecular.

1998
Lanzamiento de Bemiparina en España y cooperación en Portugal

1990

2006
Construcción del centro de I+D+i y planta en Granada

2009
Acuerdo estratégico con Merck Sharp & Dohme (MSD).

2000

2018
Lanzamiento del biosimilar de enoxaparina
Desafios en la comercialización

2007
Salida a bolsa

2020
Colaboración con Moderna para la vacuna COVID-19

2010

2013
Acuerdos para comercializar productos de Novartis y Medice.

2024
Desafios continuos
Dependencia de acuerdos de colaboración
Necesidad de mejorar estrategias de comercialización

2021
Incidente de contaminación de vacunas
Caída en el valor bursátil

2022-2024
Expansión y desarrollo de nuevas tecnologías
Acuerdo con BEI para financiar I+D

2030

7 Bibliografía

Libros

SÁNCHEZ COTOBAL, J. (s.f.). *Administración comercial efectiva.*
     Editorial Universidad Francisco de Vitoria.
—   *Píldoras formativas de comercial y de marketing.*
     Editorial Universidad Francisco de Vitoria.

Páginas web

BOLSAMANÍA. (2024, 20 junio). Rovi amplía su planta de producción en Granada
     tras invertir 11 millones de euros. Bolsamania.
       https://www.bolsamania.com/noticias/empresas/rovi-finaliza-nueva-
       planta-escuzar-granada-11-millones-euros--16967615.html

CHAVARRÍA-CHIRIVELLA, R. (2019). Estudio del impacto de la logística en el
     desarrollo farmacéutico. Redalyc.
       https://www.redalyc.org/journal/257/25757716005/25757716005.pdf

ECONOMIC TIMES. How Pfizer is using big data to deliver better treatments. (2014).
       https://cio.economictimes.indiatimes.com/news/case-studies/how-
       pfizer-is-using-big-data-to-deliver-better-treatments/33185973

EUROPA PRESS. (s.f.-a). Laboratorios Farmacéuticos Rovi SA adopta la tecnología
     en la nube con Veeva CRM.
       https://www.europapress.es/economia/noticia-
       comunicado-laboratorios-farmaceuticos-rovi-sa-adopta-
       tecnologia-nube-veeva-crm-20140129071304.html

—   (s.f.-b). Rovi invierte 60 millones para ampliar un 31,5% la capacidad de
     producción en una planta de Madrid.
       https://www.europapress.es/economia/noticia-rovi-invierte-60-millones-
       ampliar-315-capacidad-produccion-planta-madrid-20240711143258.html

FARMAINDUSTRIA. (2022). Estudio de la implantación industrial del sector
     farmacéutico en España.
       https://www.farmaindustria.es/web/wp-content/uploads/
       sites/2/2022/09/P-252-149-5-Estudio-de-la-implantacion-
       industrial-del-sector-farmaceutico-en-Espana-1.pdf

FERRER. (n.d.). Ferrer.
       https://www.ferrer.com/en

FUNDACIÓN ALTERNATIVAS. (2022). El papel de las empresas farmacéuticas en la
     economía española.
       https://fundacionalternativas.org/wp-content/
       uploads/2022/07/xmlimport-kUKdUu.pdf

GRIFOLS. (n.d.). Grifols.
       https://www.grifols.com/en/home

GSK. (n.d.). GSK.
       https://www.gsk.com/en-gb/

INDEED. (n.d.). Sueldos Laboratorios Rovi.
       https://es.indeed.com/cmp/Laboratorios-
       Farmac%C3%A9uticos-Rovi-S.a/salaries

KEYTRUDA. (n.d.). How does Keytruda work?
       https://www.keytruda.com/how-does-keytruda-
       work/#:~:text=KEYTRUDA%20is%20a%20prescription%20

medicine%20used%20to%20tre at%20a%20
kind,cannot%20be%20removed%20by%20surgery

LABORATORIOS FARMACÉUTICOS ROVI. (n.d.). ROVI.
https://www.rovi.es/en/

LABORATORIOS FARMACÉUTICOS ROVI. (2023). Informe integrado 2023.
Recuperado 6 de octubre de 2024,
https://www.rovi.es/sites/default/files/informe_
integrado_rovi_esp_2023_alta.pdf

MAERSK. (2020). Significant challenges for pharma logistics right now.
https://www.maersk.com/news/articles/2020/12/04/
significant-challenges-for-pharma-logistics-right-now

MARKETSCREENER. (n.d.). Laboratorios Farmacéuticos ROVI, S.A.
https://www.marketscreener.com/quote/stock/
LABORATORIOS-FARMACEUTICO-388853/

—   Acciones Laboratorios Farmacéuticos Rovi, S.A.
https://es.marketscreener.com/cotizacion/accion/
LABORATORIOS-FARMACEUTICO-388853/

MERCK. (n.d.). Merck.
https://www.merck.com

PFIZER. (n.d.). Pfizer.
https://www.pfizer.com

PHARMAPHORUM. (n.d.). Logistics changing the fortunes of pharmaceutical and
medical device companies.
https://pharmaphorum.com/views-and-analysis/logistics-changing-
the-fortunes-of-pharmaceutical-and-medical-device-companies

PHARMASOURCE GLOBAL. (n.d.). Pharma supply chain: A comprehensive guide to
the pharmaceutical supply chain.
https://pharmasource.global/content/pharma-supply-chain-a-
comprehensive-guide-to-the-pharmaceutical-supply-chain/

PHARMEXEC. (n.d.). Novartis: Big Data and AI in healthcare.
https://www.pharmexec.com/search?pharmexec_
sanity_data%5Bquery%5D=Novartis%20

PLANTADOCE. (2022, junio). Cofares, Bidafarma, Hefame y Alliance, los adalides de
distribución "farma" en España.
https://www.plantadoce.com/empresa/cofares-bidafarma-hefame-
y-alliance-los-adalides-de-distribucion-farma-en-espana

PWC. (n.d.). Gestión de datos en salud en España y servicios en la nube.
https://www.pwc.es/es/publicaciones/sanidad/gestion-
datos-salud-espana-servicios-nube.html

SEMRUSH. (n.d.). Marketing farmacéutico.
https://es.semrush.com/blog/marketing-farmaceutico/

SHINGRIX. (n.d.). Shingrix.
https://www.shingrix.com

ZONALOGÍSTICA. (2022). Tipos de distribución y sus principales canales.
https://www.zonalogistica.com/naturaleza-de-los-canales-de-distribucion/